忙しいママでも作れる
子どもが喜ぶ お弁当

阪下千恵・著
まちとこ・編

はじめに・・・・・・・・・・・・・・・・・・・・・4
お弁当作りをのりきるコツ・・・・・・・・・・・5
チャートで知ろう あなたのお弁当作りのタイプ・・・6
何をどのくらい入れればいい？・・・・・・・・・7
お弁当箱を選ぼう・・・・・・・・・・・・・・・8
大公開！お弁当盛りつけテク・・・・・・・・・10
簡単にお弁当をレベルアップ！・・・・・・・・12
子どもの栄養のはなし・・・・・・・・・・・・14

第1章 子どもが大好きな基本の弁当

基本の弁当1 から揚げ弁当・・・・・・・・16
基本の弁当1のアレンジ弁当
ロールパンサンドイッチ弁当・・・・・・・・18
基本の弁当1のバリエーション
鶏肉バリエーション・・・・・・・・・・・・20
酢鶏／天むす風から揚げおにぎり／タンドリーチキン風から揚げ／
手羽中のはちみつトースター焼き／鶏もも肉の粒マスタードソテー／
ささみのピカタ／鶏もも肉のケチャップソテー

基本の弁当2 ハンバーグ弁当・・・・・・・・22
基本の弁当2のアレンジ弁当
ロコモコ風丼・・・・・・・・・・・・・・・24
基本の弁当2のバリエーション
ひき肉バリエーション・・・・・・・・・・・26
ハンバーガー風サンド／ハート形ハンバーグ／
ハンバーグのせトマトスパゲッティ／
にんじんと枝豆入りつくねバーグ／レンジ・ミートローフ／
スコッチエッグ／コーンのまぶしレンジハンバーグ

基本の弁当3 えびフライ弁当・・・・・・・・28
基本の弁当3のアレンジ弁当
串揚げ弁当・・・・・・・・・・・・・・・・30
基本の弁当3のバリエーション
フライバリエーション・・・・・・・・・・・32
えびフライの卵とじ丼／えびフライののり巻き／
えびの春巻き揚げ／簡単ツナコロッケ／いかリングフライ／
ささみの一本フライ／豚こまとんかつ

基本の弁当4 オムライス弁当・・・・・・・・34
基本の弁当4のアレンジ弁当
オムレツ弁当・・・・・・・・・・・・・・・36
卵焼きバリエーション・・・・・・・・・・・38
オムレツバリエーション・・・・・・・・・・39
基本の卵料理（卵焼き、薄焼き卵）・・・・・・40
卵料理のデコ・バリエーション・・・・・・・41

基本の弁当5 お魚弁当（鮭のピザ風焼き弁当）・・・42
基本の弁当5のアレンジ弁当
お魚のベーコン巻き弁当・・・・・・・・・・44
基本の弁当5のバリエーション
魚バリエーション・・・・・・・・・・・・・46
鮭の照り焼き／めかじきの竜田揚げ／
鮭のパン粉焼き／鮭のちゃんちゃん焼き風／
鮭の塩麹漬け焼き／鮭のごま衣焼き／サーモンフライ

基本の弁当6 そぼろ弁当・・・・・・・・・・48
基本の弁当6のアレンジ弁当
タコライス弁当・・・・・・・・・・・・・・50
基本の弁当6のバリエーション
そぼろバリエーション・・・・・・・・・・・52
カレー風味のそぼろ／そぼろ混ぜおにぎり／
そぼろと練り梅ゆかり混ぜごはん／そぼろちらし寿司風／
ビビンバ風／なすとひき肉の炒めそぼろ／豚ひき肉の中華そぼろ

基本の弁当7 焼肉丼弁当・・・・・・・・・・54
基本の弁当7のアレンジ弁当
肉巻きおにぎり弁当・・・・・・・・・・・・56
基本の弁当7のバリエーション
肉バリエーション・・・・・・・・・・・・・58
韓国風焼肉のり巻き／牛肉のサンドイッチ／
豚のしょうが焼き風／牛肉と小松菜のオイスターソース炒め／
ズッキーニの牛肉巻き焼き／牛肉のサテ風ピーナッツバター焼き

基本の弁当8 巻き巻き弁当（野菜の肉巻き弁当）・60
基本の弁当8のアレンジ弁当
太巻き寿司・・・・・・・・・・・・・・・・62
基本の弁当8のバリエーション
巻き巻きバリエーション・・・・・・・・・・64
エリンギの豚肉巻きマーマレードソース／オクラのささみ巻き／
にんじんチーズの豚肉巻き／野菜の鶏むね肉巻き／
ほうれん草の牛肉巻き／ウインナーの中巻き寿司／細巻き寿司

忙しい朝でもすぐできる！簡単デコ・・・・・・66

第2章 簡単でおいしい！超のりきり弁当

- 軍艦おにぎり弁当・・・・・・・・・・・・・・・68
- おにぎりの具材アレンジ・・・・・・・・・・・70
- おにぎりの形アレンジ・・・・・・・・・・・・71
- 混ぜごはん弁当・・・・・・・・・・・・・・・72
- サンドイッチ弁当・・・・・・・・・・・・・・74
- サンドイッチアレンジ・・・・・・・・・・・・76
- ホットケーキサンド弁当・・・・・・・・・・・78
- ナポリタン弁当・・・・・・・・・・・・・・・80
- スピードカレー弁当・・・・・・・・・・・・・82
- 冷たい麺の弁当・・・・・・・・・・・・・・・83
- 焼きそば弁当・・・・・・・・・・・・・・・・84
- レタス炒飯弁当・・・・・・・・・・・・・・・85
- ジャンバラヤ弁当・・・・・・・・・・・・・・86
- 麻婆豆腐丼弁当・・・・・・・・・・・・・・・87
- えびマヨ丼弁当・・・・・・・・・・・・・・・88
- シーフードミックスで中華丼弁当・・・・・・・89
- 親子丼弁当・・・・・・・・・・・・・・・・・90
- ハムかつ弁当・・・・・・・・・・・・・・・・91
- かき揚げ丼弁当・・・・・・・・・・・・・・・92
- 鶏の照り焼き丼弁当・・・・・・・・・・・・・93
- ささみのケチャマヨピカタ丼弁当・・・・・・・94
- マカロニグラタン弁当・・・・・・・・・・・・95
- シチュー弁当・・・・・・・・・・・・・・・・96

第3章 あると便利！副菜＆常備菜

- **副菜** いも系・・・・・・・・・・・・・・・98
  ポテトサラダ／かぼちゃと豆のラップ茶巾／さつまいものスイートサラダ
- **副菜** サラダ系・・・・・・・・・・・・・・99
  春雨サラダ／きゅうりとミックスビーンズのサラダ／ひじきとツナのサラダ
- **副菜** パスタ系・・・・・・・・・・・・・100
  マカロニサラダ／スパゲッティサラダ／フジッリのバジルペーストあえ
- **副菜** みどり野菜系・・・・・・・・・・・101
  ほうれん草のごまあえ／中華ナムルあえ／オクラのおかかあえ
- **副菜** ラクラク野菜系・・・・・・・・・・102
  キャベツのコールスローサラダ／ベーコンきのこのソテー／玉ねぎのピカタ
- **副菜** 巻き巻き系・・・・・・・・・・・・103
  オクラのりチーズ巻き／キャベツのハムロール／ほうれん草の卵巻き
- **常備菜** 定番煮物系・・・・・・・・・・・104
  切り干し大根の煮物／ひじきの煮物／きんぴらごぼう
- **常備菜** 漬け物系・・・・・・・・・・・・105
  キャベツとにんじんの塩昆布漬け／オレンジジュースピクルス／かぶときゅうりのゆかりあえ
- **常備菜** 煮物系・・・・・・・・・・・・・106
  じゃがいものそぼろ煮／にんじんと大根の甘煮／こんにゃくのいり煮
- **常備菜** 肉系・・・・・・・・・・・・・・107
  ゆで鶏／塩そぼろ／牛肉のしぐれ煮

- **ちょっとがんばり弁当1：遠足**・・・・・・・108
- **ちょっとがんばり弁当2：運動会**・・・・・・110
- 知っておくと便利な冷凍術・・・・・・・・・114
- ゆで野菜のバリエーション・・・・・・・・・115
- お悩み解決！お弁当作りのQ&A・・・・・・・116
- お弁当のすき間を埋める食材いろいろ・・・・118
- お弁当箱大集合・・・・・・・・・・・・・・120
- お弁当作りのお役立ちグッズ大集合！・・・・122
- 索引・・・・・・・・・・・・・・・・・・・126

はじめに

子どもはお弁当が大好きです。

忙しくても、
料理があまり得意でなくても、
食材が十分に準備できなくても、大丈夫。
「おいしくって、見た目もよくって、子どもが喜ぶお弁当 を作りたい」
そんなママたちのために、毎日をのりきるための
「のりきり」弁当 のレシピを集めました。

シンプルなレシピのお弁当でも
子どもが喜ぶ工夫をちょっと取り入れるだけで、
詰め方をちょっと変えるだけで、
ママも子どももうれしいお弁当に早変わり！

[この本の決まりごと]

- 幼稚園年長〜小学生低学年くらいを目安にしています。個人差があるので量は調整してください。
- 材料は、1人分もしくは作りやすい量です（1人分以外のときは、表記しています）。
- 小さじ1＝5ml、大さじ1＝15ml、1カップ200mlです。
- 電子レンジは600Wを基準としています。加熱時間は目安ですので調整してください。
  電子レンジ・トースターなどの調理家電は各メーカーの使用基準に従ってください。
- フライパンは表記がない限り、フッ素樹脂加工を使用しています。油の使用はご家庭で調整してください。
- うずらの卵、ミニトマト、こんにゃくなど、のどに詰まりやすいものは子どもの成長に応じて切るなど、注意してください。
- 小さな子どもには、つまようじや尖ったピックはご注意ください。
- この本に出てくる表示

     ラクラクポイント:
    お弁当作りをラクにするポイントやアイディア

     ニコニコポイント:
    簡単に子どもが喜びそうなポイントやアイディア

お弁当作りをのりきるコツ

お弁当作りはコツさえつかめば、ぐっとラクになります。まずはコツをつかみましょう。

1 まずは基本のおかずをマスター

マンネリ化が悩みの種のママも多いと思いますが、まずは子どもが好きな基本的なメニューをおいしく作れればそれが一番。この本では、「基本の弁当」として、から揚げ、ハンバーグ、フライ、卵料理、切り身魚、そぼろ、焼肉、巻きもののお弁当を紹介しています。

2 生活スタイルに合ったのりきり方法で

買い物の頻度や方法、料理にかけられる時間、使っている調理器具など生活スタイルは各家庭によってさまざま。それぞれのスタイルで、お弁当生活がラクになる方法は変わります。常備菜を時間のあるときに作る、夕飯のおかずから一品取り分けておくなど、工夫を繰り返し、自分に合ったのりきり方法を見つけましょう。

3 調理グッズや便利グッズもときには活用

フライパン、電子レンジ、鍋、トースター……。お弁当は自分にとって使いやすい調理器具を使うのが一番。3分割のフライパン、加熱もできるジッパー付き袋、フライパンで使えるアルミホイルなど便利な調理グッズも出ているので、試してみて合うものを使いましょう。
また、キャラ弁は無理でも、のりパンチやピックなどちょっとしたグッズを使うだけで、見た目もぐんとUPします。100円ショップにもあるので、気軽に試せます。

お弁当生活に息切れしないために

お弁当作りはがんばりすぎないのが一番。続けられる範囲のひと工夫でも子どもが喜ぶおいしいお弁当を。

❶ **日ごろ子どもが食べ慣れているもの、作りやすいもので。**
子どもは初めて見るものはなかなか食べません。新しいメニューのチャレンジはまず家で。

❷ **子どもの嫌いな食材やおかずは無理して入れなくてもOK。**
家族のいない場で食べる食事は、子どもなりのプレッシャーもあるので、まずは食べやすいもの、子どもが好きなものを。
栄養バランスは家での食事でカバーすれば十分です。

❸ **「ちょいかわ」で子どもは満足。**
毎日キャラ弁を作るのは大変。かわいいピックを使ったり、1箇所だけかわいくする程度の「ちょいかわ」でも子どもは十分満足します。
手を加えすぎると、食材をいじりすぎて味が落ちてしまうことも。

❹ **大変なときは手抜きも**
おかずは手作りが一番だけど、ストック品を持っておくと安心。
忙しい日、寝坊した日、材料が何もないとき用に、冷凍食品や市販のおかずなどをうまく利用して。
手作り派のママも「おまもり」として1回分の冷凍食品をストックしておくと安心。

\チャートで知ろう／
あなたのお弁当作りのタイプ

この本のどの部分があなたのお弁当作りの役に立つかが分かるチャートです。
チャートを参考に、ページをめくってみてください。

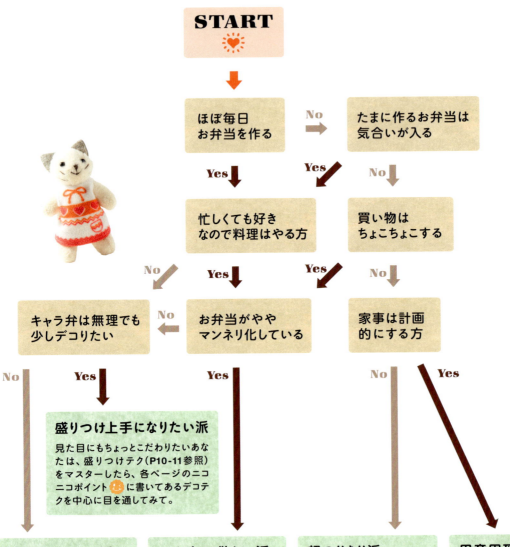

START

ほぼ毎日お弁当を作る — No → たまに作るお弁当は気合いが入る

Yes ↓　　　　　　　　Yes ↙　　　No ↓

忙しくても好きなので料理はやる方　　　買い物はちょこちょこする

No ↙　Yes ↓　　　Yes ↙　No ↓

キャラ弁は無理でも少しデコりたい ← No — お弁当がやや マンネリ化している　　　家事は計画的にする方

No ↓　Yes ↓　　　　　　　Yes ↓　　No ↙　　Yes ↓

盛りつけ上手になりたい派
見た目にもちょっとこだわりたいあなたは、盛りつけテク（P10-11参照）をマスターしたら、各ページのニコニコポイント😊に書いてあるデコテクを中心に目を通してみて。

基本をマスター派
デコに興味がないあなたは、まずは1章の「基本の弁当」8種のマスターがおすすめ。基本をクリアし、バリエーションもマスターしたら、もう怖いものなし!?

アイディア欲しい派
マンネリぎみのあなたは、1章の基本のおかずのアレンジをパラパラと眺めて、「これは」というおかずにトライしてみて。盛り方を変えるのも脱マンネリの第一歩。運動会や遠足のお弁当ページ（P108-113）にも活用できるアイディア満載です。

超のりきり派
とにかくのりきりたいあなたは、2章の「超のりきり弁当」を活用しましょう。1章、2章ともに「ラクラクポイント」を中心に見ていくと、生かせるアイディアが。

用意周到派
きっちりと計画的なあなたは、常備菜（P104-107）を活用して。1章の「基本の弁当」のアレンジや副菜（P98-103）も眺めてみると、お弁当のおかずのアイディアが浮かびます。

何をどのくらい入れればいい?

何をどのくらい入れればいいか分かれば、お弁当作りの迷いも減ります。
理想のお弁当を頭に入れたら、あとは柔軟にできる範囲で。

主菜(から揚げ)1/4
主食に合わせて、肉・魚・魚介・大豆製品などメインのたんぱく質を。

副菜1(大学いも)1/4
副菜は野菜のおかずを中心に、できれば2種類。緑黄色と淡色野菜・いも類などバランスよく入れて。

主食(ご飯)1/2
まずはご飯やパン、麺などの主食をしっかり。

副菜2(ほうれん草の卵巻き)1/4

お弁当箱の半分はご飯(主食)、残りの半分(1/4スペース)が肉・魚・卵などのおかず(主菜)、そして余った1/4のスペースに2種類程度の野菜のおかず(副菜)を入れるのを目安に(写真のお弁当ではさらにすき間にミニトマトを入れています)。
＊丼弁当など、ご飯が主役のお弁当や単品のお弁当は、具材と一緒にたんぱく質と野菜を入れれば、栄養的にもバランスがとれてGOOD。
＊お弁当で栄養が偏ってしまうのは当たり前。1日単位で考えて、朝や夜に調節しましょう。

お弁当作りで気をつけたいこと

❶ 衛生的に作る
子どもはお弁当が悪くなっていても、自分で判断がつきません。調理器具、調理方法などは衛生的に保ちましょう。

❷ よく冷ましてから詰める
温かいまま詰めてふたをすると、菌が繁殖しやすくなります。温度差があるものを詰めるときは、傷みやすいので特に注意し、しっかりと冷ましてから詰めましょう。

❸ 作りおきのおかずも朝もう一度加熱する
梅雨～夏場は特に傷みやすくなるので、生野菜を含め、生ものや前の晩の残りなど時間が経ったものには注意が必要。冬場でも室内は意外と暖かいので、作りおきのおかずももう一度、朝加熱しましょう。保冷剤や、お弁当用の抗菌シートなども便利です。どうしても心配なときは幼稚園や学校の先生に相談すれば、冷蔵庫保管などの対応をしてくれる場合もあります。

❹ 子どもが扱いやすいおかずを入れる
汁が出やすいもの、崩れやすいもの、子どもが扱いづらいもの(ぽろぽろこぼれてしまうもの、開けづらいものなど)は避けて、子どもが食べやすいものを入れるか、食べやすい大きさに切ったものを入れましょう。

❺ 見た目も工夫
子どもにとってはお友達と一緒に食べるお弁当タイムは重要。「恥ずかしい」「食べづらい」ということがないよう、特にスタートの時期はお弁当の中身や見た目を、ちょっと気を遣ってあげたいものです。

お弁当箱を選ぼう

お弁当生活のスタートは、子どもの食べる量に合ったお弁当箱選びから。
色、形も大切なので、子どもの好みだけで購入しないように注意しましょう。

❶ 大きさ

お弁当箱の底などに容量が書いてあります。「容量＝詰めたときのカロリー」を目安にしましょう。
食べる量は子どもによってさまざまなので、下の目安を参考に、子どもに合ったお弁当箱を選びましょう。

幼児
（3歳～5歳）

- 目安のお弁当箱：300～400ml
- ご飯の量：90～100g
（子ども茶碗1杯、大人茶碗半分程度）

1日のエネルギー量の目安
1200～1300kcal

幼稚園に入りたてのときは、300ml程度の小さなものでもOK。大人の半分がおおよその目安です。3歳と5歳では食べる量もかなり違ってくるので、子どもの食べる量に応じて、途中で見直してあげることも必要です。

小学校低学年
（6歳～8歳）

- 目安のお弁当箱：400～500ml
- ご飯の量：130～140g
（茶碗軽く1杯程度）

1日のエネルギー量の目安
1450～1650kcal

大人の女性よりやや少なめ程度を目安に。ただし、小学生になると、「食べる子」「食べない子」など、子どもによって食べる量に差が出てくるので子どもの普段の食べる量に合わせましょう。

小学校中高学年
（9歳～11歳）

大人の女性
（20歳～40歳）

- 目安のお弁当箱：500～600ml
- ご飯の量：150～160g
（茶碗1杯程度）

1日のエネルギー量の目安
1800～2300kcal

女性（20～40代）で1日の必要エネルギー量の目安が2000kcal前後なので、中学年になったら、運動量が多い子ではほとんどママと同じとなり、高学年になるとそれ以上となると考えれば分かりやすいです。

大人の男性
（20歳～40歳）

- 目安のお弁当箱：700～800ml
- ご飯の量：180～200g
（大盛り1杯程度）

1日のエネルギー量の目安
2250～2650kcal

年齢や、仕事などによる活動量によって大きく違います。30代半ばになってきたら、生活習慣病予防のためにも、今までの食べる量や食事の内容を見直すことも大切です。

- 小学生以降は運動量に合わせて増やしていくことも大切です。
 また、逆に太りだす子も多い時期なので、その場合は普段の食事と合わせて、お弁当も野菜のおかずを多めに入れるなどヘルシーなお弁当を心がけましょう。
- それぞれの子どもの年齢、性別、活動量によって違ってくるので、1日のエネルギー量の目安は、参考としてご覧ください。

❷ 形や色

好きなキャラクターがついたもの、かわいいものなど子どもが喜ぶものを選んであげたいですが、お弁当がおいしそうに見えて、詰めやすいお弁当箱を選ぶポイントを知っておきましょう。

● 浅めのもの
深めのお弁当箱は詰めにくく、食べるのが難しい場合もあります。慣れないうちは、浅めのお弁当箱の方がきれいに詰めやすく、子どもにとっても食べやすいです。

● 黄色やピンク、白系など淡い色のもの
暖色系で淡い色の方がよりおいしそうに見えます。寒色系の場合は、色の濃い青よりは淡い水色などを選ぶといいでしょう。

● 洗いやすいものを
ひんぱんに使うお弁当箱は、洗うのがラクかどうかを購入時に考えましょう。
お弁当箱を清潔に保つのは大切です。食器洗浄機を利用する家庭は食器洗浄機OKのものを選ぶとラクです。

❸ 素材

素材も実はお弁当箱の重要な要素。目的に適した素材を選びましょう。

プラスチック、アルミ、木などさまざまな素材があります。
ひんぱんに使う場合は、丈夫で安全なものを選びましょう。

プラスチック	子どもが喜ぶカラフルなものが多く、一番一般的。小さい子にはふたの開閉が難しいタイプもあるので注意。
アルミ	保温機などに入れられるため、アルミ指定の幼稚園もある。電子レンジには使えない。
木	食べ物が呼吸でき、おいしいと感じる人も多い木製のお弁当箱。ただし、子どもにとっては地味でよさが分からない場合も。

もうひとつお弁当箱を買うときは・・・

丼用やパスタ弁当用のかわいいランチボックスや、サンドイッチ用、ふたの部分に保冷剤が入れられるもの、汁もれしない保温機能つきスープジャーなど、用途に特化したアイディアお弁当箱もたくさん出ています。また、汁が出やすいものを別に詰めたり、デザート、フルーツ、サラダなどを別に持たせたいときに小さめの容器もあると便利です。
よく作るお弁当にぴったりのものを探すと楽しいでしょう（P120~121参照）。

大公開！お弁当盛りつけテク 〜肉のおかず編〜

盛りつけのコツが分かると、お弁当作りも楽しくなります。

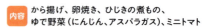
内容 から揚げ、卵焼き、ひじきの煮もの、ゆで野菜（にんじん、アスパラガス）、ミニトマト

これを詰めます。

①  ご飯を詰めて、位置を決める。

詰め直してみると…

before

編集Aが詰めたお弁当。カップを多用したけれど、から揚げ1個とアスパラガス1本分が入りきりませんでした。

②  レタスを敷いて、メインのおかずを詰める。

　レタスの緑色はおかずをきれいに見せるのでおすすめ。

③  切ったワックスペーパーやバランを敷いて、卵を少しずらして入れる。

　ずらして置くと、そろえるよりボリューム感がUP！

④  カップに入れたひじきを入れる。

　水分のあるものや形がばらけるものはカップが便利。

⑤  すき間に野菜を入れる。

　立体的に入れるのがポイント！

ごまをかわいく振って完成！

大公開！お弁当盛りつけテク 〜魚のおかず編〜

扱いが難しい魚の切り身もコツをつかめば簡単！

内容：魚の切り身、ゆで卵、かぼちゃサラダ、ブロッコリー、ミニトマト

これを詰めます。

① お肉のお弁当同様ご飯を詰めた後、ワックスペーパーを敷いて魚を立てて、身がよく見えるように置く。

詰め直してみると…

② 場所をとるゆで卵の位置を決める。

before

編集Aが詰めたお弁当。せっかくの魚をはじめ、全体的に沈んでいてあまりおいしそうに見えません。

③ 形が定まらないかぼちゃサラダはカップなどに入れて詰める。

④ すき間をブロッコリーで埋める。縦に詰めるのがポイント。

★ 小さい子のお弁当はこう詰める！

食べるのがまだ上手でない小さな子のお弁当は見た目はもちろんのこと、食べやすくするのが大切。最初は手づかみでも食べられるくらいのお弁当がGOOD！

から揚げもひと口サイズに（小さなものを揚げるとかたくなるので、揚げてから切って）。

ピックで食べやすく。

おにぎりは食べやすいサイズに。

すき間ににんじんのような色のあるものを散らすときれい。

余裕があるときはちょっとハムやのりで飾りつけをして完成！

簡単にお弁当をレベルアップ！① 〜盛りつけテク編〜

ひと目でわかる簡単盛りつけテク。
ちょっとした工夫でお弁当が様変わり。
簡単なものを取り入れていくだけで、お弁当も大幅レベルアップ！

1 グッズを使う
（詳細はP124-125参照）
100円ショップでも売っている
グッズを使うだけで様変わり。

2 かわいいお弁当箱を使う
お弁当箱がかわいいだけで
子どもの気持ちもUP！

3 仕切りを使う
レタスなどの葉ものから
市販のバランまで、
はさむだけ。

4 レモンやパセリを常備
入れるだけで
彩りがよくなって便利。

5 色のある食材を使って彩りよく
赤・黄・緑が入ると
華やかに。

6 お弁当箱を使い分ける
お弁当の内容に合わせて
お弁当箱を使い分ける。

7 立体的に盛る
（詳細はP10-11参照）
盛りつけのコツは
「縦に詰める」を意識。

8 すき間おかずを活用
すき間を埋めるだけで、
お弁当がワンランクアップ。

9 おにぎりもかわいく
簡単にデコできるおにぎりは、
詰めるだけでは
もったいない！

10 ご飯の上に飾りつけ
ふりかけの振り方を工夫
したり、飾りをのせて。

11 しっかりと水気を切る
見た目がよくなるだけで
なく、味も落ちない。

簡単にお弁当をレベルアップ！ ❷ 〜料理編〜

知っているだけで、料理のレベルが
ぐんとアップするちょっとした料理のコツをご紹介。

❶ やっているうちに上達！
初めて作るものはうまくできなくて当たり前。料理もお弁当も繰り返し作っているうちに上達するもの。
うまく作れなくてもご愛嬌くらいに考えて、めげずにまたトライしましょう。

❷ 調理前に余分な水分をふく
肉や魚は調理前にキッチンペーパーなどで余分な水分をふくだけで味がよくなります。
時間のあるときは、このひと手間を惜しまないで。

❸ 肉や魚から出る余分な油をふき取る
焼いてから調味料で煮からめるときは、調味料を入れる前に、
余分な油をキッチンペーパーなどで吸わせて除きましょう。味がしっかりとからまるだけでなく、ヘルシーに。

❹ 水にさらす野菜、さらさない野菜を知る
調理前にさらした方がいい野菜は、いも類、れんこん、ごぼうなど。
なすも色をきれいにしたいときはさらします。ほうれん草や小松菜はゆでた後にさらすと色鮮やかになります。

❺ 揚げものを失敗したくないときは多めの油で一気に
この本では、揚げ焼きを紹介しています。揚げ焼きは油の処理の手間が省けますが、コツがいります。
大量に作るときや、大事なお弁当のときは、やっぱり多めの油を使うと失敗は少なくなります。

❻ 粉を使いこなす
味をしっかりからませたり、素材をしっかりくっつけたり、色づけをよくしたいときは、薄力粉を使用。
カリッとさせたいときは片栗粉を使います。大まかな特徴をつかんで使いこなすと、料理も上達。

❼ 卵料理は中火が基本
卵料理は、フライパンや卵焼き器に一気に入れて加熱するのが上手に作るコツです。

❽ 巻く料理は、指でしっかり押さえながら
この本では、「巻く」レシピをたくさん紹介していますが、慣れるまできれいに作るのは意外と難しいものです。
ゆっくり指でしっかりと押さえながら巻いていき、最後に形を整えるのがポイントです。

❾ 肉は変幻自在と考えよう
肉で巻くレシピもたくさん紹介していますが、肉はのばしたり、丸めたりすると大きく形が変わるのが特徴です。
きれいにおいしく作るためには、肉の形は変えられることを頭に入れて、調理時は形を整えましょう。

子どもの栄養のはなし

お弁当で栄養まで気にするのは大変。
でも「これで足りている？」と不安にならないために少しだけ知っておくと心強いです。

なんとなく頭にあれば十分

子どもの栄養は、「なんとなく頭に入れる」程度でいいと思います。
全く気にしないでいると、子どもの好きなものを好きなだけとなり、栄養に偏りが出がちですが、かといって、気にしすぎると、作る側も大変で、食べる家族もプレッシャーになってしまうので、食卓が楽しくなくなってしまいます。
「子どもの体の声を聞きながら作る」ということも大切です。子どもによっても、その日その日で体調も違えば、体が欲している食べ物や栄養も違います。大人でも「肉をすごく食べたい！」という日もあれば、「体がご飯しか受けつけない」「すごく野菜が食べたい」という日もあると思います。子どもの顔色や、学校に行ったり、遊んだりしている様子を見て、元気でそこそこバランスがとれた体型であれば、それできっと体は満ち足りているでしょう。
日々の食事に加えて、お弁当作りもこなす忙しいママにとって、栄養のことまで考えるのは頭が痛いことですが、しっかり食べて、栄養が満ち足りている子は、風邪をひきにくく親孝行です！栄養バランスの知識は、「なんとなく」頭の中にあれば十分。おいしく、楽しいお弁当が何よりです！

ちょっとだけ頭に入れておきたい栄養の基本

❶ バランスよく食べる
基本の3つの色の食品をそれぞれ摂取すると、自然にバランスが取れます。

黄色（炭水化物）：力やエネルギー源になる
赤色（たんぱく質）：血液や肉をつくる
緑色（ミネラル・ビタミン類）：体の調子を整える

❷ 塩分のとりすぎに注意（薄味を心がける）
お弁当は、ついついしっかり味つけをしてしまいます。おかずの中で、「しっかり味つけ」「薄味」などメリハリをつけながら、全体的にしょっぱすぎないようにすることが大切です。

❸ カルシウム、鉄分、食物繊維
カルシウム、鉄分、食物繊維は不足しがち。この栄養素だけは意識して1日の食事のどこかに取り入れるよう心がけましょう。

カルシウムの多い食材：乳製品、大豆製品、小魚など
食物繊維の多い食材：野菜、きのこ類、果物など
鉄分が多い食材：あさりなど貝類、レバー、赤身の肉など

❹「野菜ゼロ」のお弁当が毎日続かないように
たまには「おにぎりだけ」「野菜なし」の日があってもいいですが、毎日にならないよう、できるだけ野菜のおかずも入れる工夫を。

❺ 油のとりすぎに注意
お弁当のおかずは、どうしても揚げ物、炒めたものなど油が多いものになりがちです。1日の中で、また1週間単位で偏らないように調節しましょう。調理に使う油以外にも、魚、肉、調味料や、菓子類にも脂質は含まれています。肉でも、脂質が少ない鶏のささみ、むね肉や多めの豚や牛の肩ロース、ロース、ばら肉などそれぞれの種類・部位によって大きく異なるので、上手に使い分けましょう。

※ 詳しく知りたい人は … 厚生労働省のホームページで「日本人の食事摂取基準」が見られます。書店などで売っている「食品成分表」なども一冊持っていると便利です。

子どもが大好きな基本の弁当

まずは基本の弁当をおいしく作るのが一番。
子どもはきっと喜んで食べてくれます。
慣れてきたら、少しずつアレンジに挑戦して。

から揚げ弁当

子どもが大好きなから揚げも少なめの油で揚げ焼きにすればお手軽。
一緒に野菜も素揚げしてしまえば手間なしで栄養満点！

> 1 から揚げ
> 2 スティック大学いも
> 3 キャベツの
>   コールスローサラダ
> 4 おにぎり
> 5 フルーツ（キウイ）
>   ＊すき間にミニトマト、レモン

5 フルーツ（キウイ）
2 スティック大学いも
4 おにぎり
1 から揚げ
3 キャベツのコールスローサラダ

のりきりポイント

* しょうゆと片栗粉だけの 最小限の調味料で下味つけ 。
* ビニール袋に入れて、手でよくもみ込むだけで漬け込み不要。
* 揚げ油は2cmくらいの少ない油で揚げ焼きに。
* 副菜1品はから揚げと一緒に野菜を素揚げ。

1 から揚げ

材料
鶏もも肉 … 3切れ（80g）
A｜しょうゆ … 大さじ1/2
　｜しょうがのすりおろし … 小さじ1/2
　｜（チューブを使っても）
片栗粉 … 適量（約大さじ2）
サラダ油 … 適量

（前日にもみ込むと、さらにおいしい！）

作り方
① 鶏もも肉は余分な脂をのぞき、Aをよくもみ込む。揚げる直前に片栗粉をまぶす。
② フライパンに1.5~2cm程度油を入れて揚げ焼きにする。

ラクラク
＊少ない油だと温度が上がりやすいので、温度が上がったら弱火に。最後だけ火を強めてカラッと。
＊鶏もも肉は火が通りやすいように揚げる前に平たく整えて。

2 スティック大学いも

材料
さつまいも … 太さ1cm×5cmを3本分（約60g）
いり黒ごま … 適量（小さじ1/4）
A｜しょうゆ … 小さじ1/2
　｜砂糖・水 … 各小さじ1
サラダ油 … 適量

作り方
① さつまいもはスティック状に切り、水にさらしてアクを除き水気をよくふき取る。
② ①をから揚げと同じ油で弱火で揚げ焼きにする。
③ 小鍋にAを加えて中火で熱し、②を加えて煮からめ、黒ごまも加える。

ラクラク
野菜をから揚げと一緒に素揚げ。野菜はじゃがいも、かぼちゃ、パプリカ、ズッキーニ、なすなどお好みのものでOK！

3 キャベツのコールスローサラダ

作り方はP102参照。

ラクラク
P102のキャベツのコールスローサラダをキャベツとコーンでシンプルに！

4 おにぎり

材料（2個分）
ご飯 … 茶碗1杯分
塩・のり・ふりかけ … 各適量

型で抜いたチーズなどを飾ってもかわいい。

作り方
① ご飯を半分にして、お弁当箱の形に合わせておにぎりを作る。塩を振ってのりを巻き、ふりかけを振る。

5 フルーツ（キウイ）

皮をむいて食べやすい大きさに。

から揚げ弁当のアレンジ弁当

ロールパン
サンドイッチ弁当

から揚げをたくさん作った日の翌日は、
サンドイッチに早変わり！

のりきりポイント

* 市販や冷凍しておいたから揚げでもおいしくできる。
* きゅうりとミニトマトを使って加熱野菜なし。ゆで卵を入れて豪華に。
* かわいい箱などに入れればサンドイッチだけでも満足。
* 手抜きと見せないよう、パンの側面に型で抜いたチーズをプラスしても。

材料（2個分）
ロールパン … 2個
バター・マヨネーズ … 各少々
から揚げ … 2個
ゆで卵 … 1/2個
ミニトマト … 2個
きゅうり … 1/6本

作り方
① ロールパンに切り込みを入れ、バター、マヨネーズを塗る。
② きゅうりは斜め薄切りにする。ミニトマトは半分に切る。ゆで卵は半分を輪切りにする。から揚げを半分に切る。
③ ①に②をはさむ。
（ラップで包むと食べるときに便利。）

ピックをさすとGOOD！

箱はお菓子の空き箱や100円ショップで売っているものでも。気に入った箱を見つけたら取っておこう！

チーズでかわいくデコしても♪
スライスチーズを切り抜いたものをパンに貼っても簡単にかわいくなる。

チーズがつきにくい場合は、マヨネーズを薄く塗ってチーズを貼るといい。

時間があるとき
から揚げを
おいしく作るコツ

子どもに人気のおかずNo.1のから揚げ。でも、カリッとおいしく揚げるのが意外に難しいという声もちらほら。「ここぞ！」というときに失敗しない「勝負から揚げ」のコツをご紹介。

① 鶏肉は余分な脂と皮を除き、形を整えて切る。肉は「もも」がおすすめ。
② 下味（しょうゆ、卵、酒、しょうが）はちょっと濃いめにして、しっかりもみ込む（P109の骨つきから揚げの分量を参照）。
③ 片栗粉と薄力粉を1：1の割合で混ぜた粉を揚げる直前にたっぷりまぶす。
④ 多めの油で中温で5分くらいを目安に揚げる。最後に火を強くするとカリッとなる。

大人用には、ゆずこしょう、練りからし、わさびなどを下味に加えるとさっぱり味でおいしい。しそを刻んでまぶすのもおすすめ。

基本の弁当 1 のバリエーション

鶏肉
バリエーション

から揚げのリメイク料理や鶏肉を使ったお手軽なバリエーション料理のご紹介。

から揚げ｜リメイク
［酢鶏］
甘酸っぱさで食欲もアップ

から揚げ｜リメイク
［天むす風 から揚げおにぎり］
ボリュームたっぷりおにぎり

から揚げ｜アレンジ
［タンドリーチキン風 から揚げ］
ちょっぴりスパイシーな味は暑い夏におすすめ

酢鶏

材料
- 鶏のから揚げ … 2～3個
- 玉ねぎ … 1/8個
- ピーマン … 1/3個
- パプリカ（黄）… 1/10個
- にんじん … 2cm分
- A
  - しょうゆ・ケチャップ … 各小さじ1
  - 砂糖 … 大さじ1/2
  - 酢 … 小さじ2/3
  - 鶏がらスープの素 … 少々
  - 片栗粉 … 小さじ1/2（水小さじ1で溶く）

作り方
1. 玉ねぎは薄切りにして、にんじんは小さめの乱切りにする。ピーマン、パプリカは乱切りにする。ふんわりとラップに包み電子レンジで約40～60秒加熱して火を通す（ゆでても、素揚げにしてもOK）。
2. フライパンにAと水1/4カップ（分量外）を沸とうさせ、❶を加えて軽く煮立て、とろみがついたらから揚げを加えて煮からめる。

\point/
野菜はねぎ、たけのこの水煮、しいたけ、さつまいもなどお好みのものでOK。

天むす風から揚げおにぎり

材料（2個分）
- ご飯 … 茶碗1杯分（多め）
- から揚げ … 小2個
- 塩 … 少々
- しそ・水菜など … 適宜
- 焼きのり … 2/3枚分

作り方
1. ご飯を半分にしてラップにのせ、中心にから揚げを入れて、ご飯で包み込むようににぎる。塩をふる。
2. のりを半分に切って、後ろから着物を着せるように包み、とじ目にしそや水菜などを入れて飾りをつける。同様にもう1個作る。

\point/
お好みで、から揚げの上にマヨネーズ、大人にはマスタードなどを少々塗ってもおいしい。

タンドリーチキン風から揚げ

材料
- 鶏もも肉 … 3切れ（80g）
- A
  - しょうゆ … 小さじ1
  - ヨーグルト … 小さじ1
  - 砂糖 … 小さじ1/2
  - ケチャップ … 小さじ1
  - カレー粉 … 小さじ1/4
- 片栗粉 … 適量（大さじ3程度）
- サラダ油 … 適量

作り方
1. 鶏もも肉は余分な皮と脂をのぞき、Aをよくもみ込む。
2. 揚げる直前に片栗粉をたっぷりとまぶし、多めの油で両面カリッと焼く。ふたをして弱火で中まで火を通し、キッチンペーパーなどに取り出して余分な油を切る。

\point/
仕上げにカレー粉少々（分量外）を振るとより香りが際立つ。

鶏肉 アレンジ
[手羽中のはちみつ トースター焼き]
火の通りが早い手羽中を使ってお手軽に

材料
鶏手羽中 … 3〜4本
A｜はちみつ・しょうゆ … 各大さじ1
白ごま … 適量

作り方
1. 手羽中をAに漬け込む（できれば前日に）。
2. アルミホイルに❶を並べ、煮汁をかけながら約10分、こんがりと表面に焦げ目がつき、中まで火が通るまでトースターで焼く。仕上げにお好みでごまを振る。

> 前日から漬け込むとよりおいしい味に。

\point/ 前日に漬け込んでいないときは、トースターではなく、サラダ油をひいたフライパンでそのままの手羽中を焼き、最後に煮汁をからめると仕上がり時間を短縮できる。

鶏肉 アレンジ
[ささみのピカタ]
手軽なピカタは子どもも大好き！

材料
ささみ … 1〜1・1/2本
塩・こしょう・薄力粉 … 各少々
溶き卵 … 適量
オリーブ油 … 小さじ1/2
ケチャップ … 適宜

> 鶏もも肉でも

作り方
1. ささみは筋を除き半分に切る。塩、こしょう、薄力粉、溶き卵の順にまぶす。
2. フライパンにオリーブ油を熱し、両面を中火で焼き、ふたをして火を通す。
3. ケチャップをかけるか、ケチャップボトルを添える。

\point/ 筋なしささみを買うとラク。

鶏肉 アレンジ
[鶏もも肉の 粒マスタードソテー]
ちょっぴりピリ辛で

材料
鶏もも肉 … 80g（3切れ）
塩・こしょう・薄力粉 … 各少々
A｜粒マスタード・しょうゆ … 各小さじ1
　｜砂糖 … 小さじ1/2
　｜酒 … 大さじ1
オリーブ油 … 小さじ1

作り方
1. 鶏もも肉に塩、こしょう、薄力粉をまぶす。
2. フライパンにオリーブ油を熱し、強火で両面をカリッと焼き、ふたをして弱火で火を通す。
3. 余分な油をペーパータオルでふき取り、Aを加えて煮からめる。

鶏肉 アレンジ
[鶏もも肉の ケチャップソテー]
野菜も一緒にとれる♪

材料
鶏もも肉 … 80g（3切れ）
玉ねぎ … 1/6個
ブロッコリー … 小2房
塩・こしょう・薄力粉 … 各少々
A｜ケチャップ … 大さじ1〜2
　｜酒 … 大さじ1
オリーブ油 … 小さじ1

\point/
＊トマトケチャップの酸味が気になる場合は、砂糖を1つまみ入れるとまろやかな味に。
＊火を止めてからスライスチーズをのせてもおいしい。

作り方
1. 鶏もも肉に塩、こしょう、薄力粉をまぶす。玉ねぎは薄切りにする。
2. フライパンにオリーブ油を熱し、❶の鶏もも肉を両面強火で焼き、玉ねぎも加えてふたをして弱火で火を通す。最後に余分な油をふき取る。
3. ゆでて小さく分けたブロッコリーを加え、混ぜ合わせたAを加えて煮からめる。

ハンバーグ弁当

1. ハンバーグ（ハート形のチーズのせ）
2. ミニオムレツ風折りたたみ卵
3. 温野菜：にんじん、アスパラガス、かぼちゃ
4. ご飯（黒ごま＆白ごま）

玉ねぎ、卵なしでもおいしく作れるハンバーグ。
型抜きチーズをのせるだけで華やかに。

のりきりポイント

* 卵・玉ねぎなしでも作れるお手軽ハンバーグ。パン粉をたっぷり入れてやわらかい食感で。
* 大きめのフライパンで副菜の卵と野菜も同時に料理。
* ご飯にかけるごまをアクセントに。
* 型抜きチーズ、型抜き野菜でかわいく。

1 ハンバーグ

材料

A
- 合いびき肉 … 70g
- 生パン粉 … 1/4 カップ
- 牛乳 … 大さじ1
- 塩・こしょう … 各少々（あればナツメグも）

サラダ油 … 少々（小さじ1/4）

B
- ケチャップ … 大さじ1
- ウスターソース … 小さじ1/3
- 水 … 大さじ1

作り方

1. A をすべて混ぜ合わせ、2等分にして形を整える。
2. フライパンにサラダ油を熱し、①の両面を強火で焼いて、ふたをして弱火で8分程度火を通す（竹串を刺して、透明な汁が出てくれば中まで火が通っている）。
3. フライパンは一度ふき取り、余分な油をなくす。B を加えて煮からめる。
4. 冷めてから、お好みの型で抜いたスライスチーズをのせる。

ビニール袋の中でこねると片づけがラク。

🚩ラクラク
* 卵を入れる場合は牛乳を半量にして、卵は大さじ1。
* 市販のハンバーグソースを使うとさらに手軽に。

時間があるとき
ケチャップ、ウスターソース、水に加えて赤ワイン、コンソメ、砂糖少々で煮立て、水溶きコーンスターチで薄くとろみをつけると本格的なソースに。

2 ミニオムレツ風 折りたたみ卵

材料
- 卵 … 1個（ハンバーグに加えて残った分でもOK）
- 牛乳 … 小さじ1
- 塩・こしょう … 各少々

作り方

1. 卵に牛乳、塩、こしょうを入れて混ぜる。
2. フライパン加熱OKのアルミホイルを、6~8cm程度のコップの底に押し付けて丸型を作り、ハンバーグの横に置く。①を入れ途中2回くらいかき混ぜて、しっかりと火が通るまで加熱する（最後にアルミからはずして、ひっくり返して20秒くらい焼くとGOOD）。
3. お弁当箱に詰めやすい大きさに切る。

🚩ラクラク
ハンバーグのときの副菜を卵料理にすると、ハンバーグにも卵を使えて便利。ハンバーグと野菜を同時に調理して手間も少なく。お好みでケチャップをかけて。

3 温野菜

材料
- アスパラガス … 1本
- かぼちゃ … 25g
- にんじん … 2~3cm分
- バター … ごく少々（1g）
- 塩 … 少々

お好みの野菜でOK!

型で抜いてかわいく。

作り方

1. 野菜は食べやすい大きさに切る（にんじんは火が通りやすいように5mmの厚さに。かぼちゃは厚さ1cm×2cm角程度に切る。アスパラガスは根元をピーラーでむいて長さを3~4等分にする）。
2. フライパン加熱OKのアルミホイルに、①とバター、塩、水大さじ1を加えてふんわりと包み、ハンバーグの横で焼く。途中様子を見て、にんじん、かぼちゃに竹串が通るやわらかさになればホイルごと取り出す。

4 ご飯（黒ごま&白ごま）

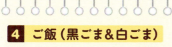

ごまをかわいらしくご飯の上に振る。

🚩ラクラク
* フライパン加熱OKのアルミホイルでハンバーグを焼いている間に一緒に♪野菜は好きなもの、家にあるもので大丈夫。
* 野菜は小鍋で別にゆでて、塩とバターをまぶしてもOK。

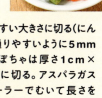

基本の弁当 2

ハンバーグ弁当のアレンジ弁当

ロコモコ風丼

なんだか楽しい気分になるロコモコ丼。
夕飯のハンバーグや冷凍ハンバーグを使ってもOK。

1 ロコモコ風丼
2 フルーツ（グレープフルーツ）

* 定番のハンバーグも 盛りつけを変えれば子どももワクワク。
* 夕飯のハンバーグの取り分けや、冷凍しておいたハンバーグなどを使っても。
* ソースは市販のハンバーグソースや、小分けデミグラスソースを使うと簡単。

1 ロコモコ風丼

材料
ご飯 … 丼1杯分
ハンバーグ … 1個
ミックスベジタブル … 1/4 カップ
バター・塩・こしょう … 各少々
目玉焼き … 1/2 個
ブロッコリー … 小2房
市販のハンバーグソース … 適量
飾りのマヨネーズ … 適宜

作り方
① ミックスベジタブルはバター少々で炒め、塩、こしょうをする。
② ハンバーグにソースをからめる。
③ お弁当箱にご飯を盛り、①、②とゆでたブロッコリーを彩りよく盛る。
④ 上からハンバーグソースをかけて、塩、こしょうした目玉焼きを添える。マヨネーズは直接絞るか、マヨネーズのミニボトルを添える。

＊ハンバーグは 基本のハンバーグ（P23）を半分のミニサイズにせずに1個で焼いたもの。量が多ければお弁当箱に収まるサイズに加減して。

夕飯のハンバーグや冷凍ハンバーグを使ってもお手軽。

卵はしっかり火を通せば安心。

目玉焼きをのせてボリュームUP。

ハンバーグを朝焼く場合は、ハンバーグの隣に円形にしたフライパン用アルミホイルをのせて、目玉焼きを同時に焼くと洗いものが少なくてすむ。

● 家で食べるときは、野菜を角切りのトマト、アボカド、きゅうり、レタスなどの生野菜にしてもおいしい。

時間があるとき
ソースは、ケチャップ、ウスターソース、あればデミグラスソース、水、コンソメ、水溶き片栗粉などで作る。

2 フルーツ（グレープフルーツ）

グレープフルーツの皮をむいて小さめの密閉容器に入れる。

これは便利！

市販のハンバーグソース・デミグラスソース。

基本の弁当 2 のバリエーション

ひき肉
バリエーション

ハンバーグ料理や手軽に作れるひき肉メニューのご紹介です。
ひき肉をそのまま冷凍したり、多めに作って冷凍しても重宝します。

`ハンバーグ` `リメイク`
[ハンバーガー風サンド]
子どもが大好きなボリュームたっぷりのハンバーガー

材料
- 丸いバンズ … 1個
- ハンバーグ(焼いて味付けしたもの) … 1個
- トマトスライス … 1cm分
- レタス … 1枚
- スライスチーズ … 1枚
- マヨネーズ … 適宜

作り方
① パンの上にマヨネーズ、レタス、チーズ、ハンバーグ、トマトの順に重ねていく。
② 手でしっかりと押さえてピックでとめ、ワックスペーパーかラップなどで包む。

\point/
* ハンバーグには、ハンバーグソースをからめるかケチャップを塗る。
* 崩れにくくするには、具を少なめにするのと、ピックでしっかりとめるのがポイント。

`ハンバーグ` `リメイク`
[ハート形ハンバーグ]
ハート形にするだけで、かわいさ大幅アップ!

作り方
① 基本のハンバーグの材料(**P23**参照)を、手でハート形にまとめる。ハートの山になる部分をできるだけしっかり形を作ると、焼いてもハートらしい形になる。基本のハンバーグと同様に焼いて、ソースをからめる。
② 上に型で抜いたスライスチーズをのせる。

\point/

ハート形の山はしっかり作ろう。

`ハンバーグ` `アレンジ`
[ハンバーグのせ
トマトスパゲッティ]
ハンバーグを大好きなスパゲッティで

ゆでて冷凍しておくと簡単

材料
- スパゲッティ … 60~70g
- オリーブ油 … 少々(小さじ1/4)
- トマトソース(市販) … 1/2カップ
- ハンバーグ(焼いて味付けしたもの) … 1個
- ゆでた野菜・粉チーズ … 適宜
  (カリフラワー、型抜きにんじん、いんげんなどお好みの野菜で)

作り方
① スパゲッティは長さを半分に折り、表示時間どおりゆで、オリーブ油少々をまぶしておく。
② ①に半分のトマトソースを加えてあえてお弁当箱に盛り、粉チーズ、ハンバーグをのせて上からさらに残りのトマトソースをかける。
③ ハンバーグの横にゆでた野菜を添える。

\point/
* ハンバーグはハンバーグソース、またはケチャップ+ウスターソースで下味をつけておく。
* スパゲッティにはオリーブ油をしっかりまぶしておくと、時間が経ってもかたまりづらくおいしい。

［にんじんと枝豆入りつくねバーグ］

ひき肉 アレンジ

棒つきでかわいい♪

材料
- A
  - 鶏ひき肉 … 70g
  - 塩・こしょう … 各少々
  - 酒・片栗粉 … 各小さじ1/2
- にんじん … 8mm分（15g）
- 冷凍枝豆 … 3さや分
- B
  - しょうゆ・みりん … 各小さじ1
  - 砂糖 … 小さじ1/2
  - 片栗粉 … 小さじ1/2（水大さじ2で溶く）
- サラダ油 … 小さじ1/2

作り方
1. にんじんはごく細い千切りにし、枝豆は解凍してさやから出す。にんじん、枝豆をAと一緒に混ぜ合わせ、3等分にして小判形にまとめる。お好みでアイスクリームの棒や、料理串にさしても見た目もよく、食べやすい。
2. フライパンにサラダ油を熱し、両面を焼いて、弱火にしてからふたをして火を通す。
3. 余分な油をふきとり、よく混ぜたBを加えて弱火で煮からめる。少量なので、とろみがすぐつくので、様子を見ながら加熱する。

\point/
中に入れる具はにんじんのほか、もやし、えのき、しそ、ピーマンなどお好みの野菜で。

［スコッチエッグ］

ひき肉 アレンジ

時間があるときの豪華おかず

材料
- ハンバーグダネ … 1人分
- うずらの卵（水煮）… 3個
- 薄力粉 … 適量
- 溶き卵 … 適量
- パン粉 … 適量
- 揚げ油 … 適量
- ケチャップ … 適宜

溶き卵の変わりに小麦粉を水で練ったものでもOK。

作り方
1. うずらの卵に薄力粉をまぶす。
2. ハンバーグダネをピンポン玉程度手にとりつぶし、中にうずらの卵を入れて、空気を抜くようにしっかりと包み込む。厚みが均等になるよう、ていねいに丸める。
3. 周りに薄力粉をたっぷりとつけて、溶き卵、パン粉の順につける。弱火～中火の油で揚げ焼きにする。片面ずつ、合計約6～8分間加熱してしっかりと中まで火を通す。お好みでケチャップを添える。

注：ハンバーグダネが厚すぎると火が通りづらく、破裂しやすいので注意。

\point/
*ハンバーグは基本のハンバーグの材料（P23参照）で。
*ハンバーグダネに玉ねぎを入れると形が崩れやすくなるため、玉ねぎは入れない。

［レンジ・ミートローフ］

ひき肉 アレンジ

レンジ加熱で肉も野菜も一度に

材料
- A
  - 合いびき肉 … 50g
  - パン粉 … 大さじ3
  - 牛乳 … 大さじ2
  - 塩・こしょう … 各少々
- かぼちゃ … 10g
- いんげん … 1本
- B
  - ケチャップ・水 … 各大さじ1
  - ウスターソース … 小さじ1/2
  - マヨネーズ … 小さじ1/2

作り方
1. かぼちゃは1cm角のスティック状に切る。いんげんはヘタを切る。Aの材料を混ぜラップにのばし、野菜を中心に包んで4cm程度の太さの筒状に。
2. ラップに包んだまま耐熱皿にラップの巻き終わりを下にしてのせ、電子レンジで約2分30秒、途中で上下を返して加熱する。
3. 混ぜ合わせたBも電子レンジで軽く温め、❷にからめる。

\point/
*最後にフライパンで焼きつけ、Bも煮からめるともっと見た目がよくなる。
*中に入れる野菜の量を増やしすぎたり、全体に太くしすぎると、レンジで加熱しているときに中身が出てきてしまうので注意。

［コーンのまぶしレンジハンバーグ］（簡単シュウマイ風）

ひき肉 アレンジ

子どもが大好きなコーンをまぶして

材料
- A
  - 合いびき肉 … 60g
  - パン粉 … 大さじ2
  - 牛乳 … 大さじ1・1/2
  - 塩・こしょう … 各少々
- 片栗粉 … 適量
- コーン … 大さじ2

作り方
1. Aをすべて混ぜ合わせてよく練り、2~3等分に丸める。
2. 周りに片栗粉をまぶし、コーンを手で押し込むように貼りつける。
3. 耐熱皿に等間隔でのせて、ふんわりラップをして電子レンジで約2分間加熱して火を通す。
お好みでケチャップ、しょうゆ、ポン酢などを添える。

\point/
コーンはしっかり手で貼りつけると落ちにくい。
コーンの代わりにミックスベジタブルでもOK。

基本の弁当 3

えびフライ弁当

大きなえびが入ったお弁当は子どもにとって特別なごちそう。
卵なしでも作れるお手軽えびフライ。

> 1 えびフライ
> 2 マカロニサラダ
> 3 ブロッコリー＆にんじん
> 4 ふりかけおにぎり

3 ブロッコリー＆にんじん
1 えびフライ
4 ふりかけおにぎり
2 マカロニサラダ

のりきりポイント

* フライの 衣は卵なしでもOK。
* 卵の代わりに小麦粉を水で溶いたものでパン粉をつける。
* 衣つけは1つのバットをエリア分けして使って。
* 揚げ油は2cm程度の少なめで揚げ焼きに。
* 下処理済みえびを買うとさらに簡単。

1 えびフライ

材料
- えび … 大〜特大 2〜3尾
- 塩・こしょう … 各少々
- 薄力粉 … 約大さじ3
- 水 … 約大さじ2
- パン粉 … 適量
- 揚げ油 … 適量
- ソース・レモン … 適宜

作り方
1. えびは下処理をする。
2. えびの水分をよくふき、塩、こしょう、薄力粉をまぶす。
3. えびを横によけて粉に水を足して混ぜ、ゆるいのり状にして、❷に塗る。
4. 横の乾いた部分にパン粉を入れて❸にしっかりとつける。手で押さえて形を整える。
5. 油をフライパンなどに2cm程度の深さまで入れて、170度に熱した油で揚げる。途中弱火にして焦げないように静かに何度か裏返す。きつね色になって火が通ったら油を切って取り出す。
6. レモン、ソースなどを添える。

★ 夕飯の分まで作るなど、量をたくさん作る場合は、小麦粉でのりを作るより、卵を溶いた方が簡単。副菜を卵料理にして卵を使う手も。

（前日に衣つけまで行うと朝ラク。）

えびの下処理

面倒な下処理も2〜3尾の少量ならあっという間。大変な場合は、下処理済みを買っても。

剣先

❶ 剣先を折って除いて、殻をむく。

❷ 油はねしないようにしっぽの水をしごいて除く。
しっぽ

❸ 竹串で背わたを除く。

❹ 腹側の部分に浅く切り込みを入れて手でそらせてえびをまっすぐに伸ばす。

（塩でもむとさらに臭みが取れます。）

2 マカロニサラダ
3 ブロッコリー&にんじん

マカロニサラダの作り方はP100参照。
ブロッコリー、にんじんは適量をゆでる。

 ラクラク
マカロニは「早ゆで」タイプを使うと時短に。
一緒にブロッコリー、にんじんも同じお湯でゆでると簡単。

4 ふりかけおにぎり

材料（2個分）
- ご飯 … 茶碗1杯分
- 青菜の素（市販のふりかけ）… 適量

作り方
1. ご飯に青菜の素を混ぜる。
2. 半分にしてラップにそれぞれ包み、形を整える。

基本の弁当 3

えびフライ弁当のアレンジ弁当
串揚げ弁当

子どもの好きなものを串にさして揚げれば、
見た目もボリュームも大満足のお弁当に。

1 串揚げ
　（かぼちゃ、お魚ソーセージ、
　うずらの卵）
2 ひじきの煮物
3 ご飯
　（漬け物と黒ごまのせ）
4 フルーツ（いちご）

のりきり ポイント

＊ つまようじにさして揚げれば地味な食材もメインのおかずに。
＊ ご飯はきざんだ漬け物と黒ごまをのせて彩りを。
＊ 串にマスキングテープを張ってかわいさ簡単にUP。
＊ フライの衣のつけ方、揚げ方はえびフライと同じで卵いらずで。

1 串揚げ

材料
かぼちゃ … 25g
お魚ソーセージ … 1/4本
うずらの卵（水煮）… 2~3個
塩・こしょう・パン粉 … 各適量
小麦粉 … 大さじ 2~3
水 … 約大さじ 2
揚げ油 … 適量
ソースまたはケチャップ … 適宜
つまようじ … 2~3本

作り方
① かぼちゃは1cm厚で2cmくらいの大きさに切り、水分がついた状態でラップにふんわりと包む。レンジで約20秒、つまようじが通る程度に加熱する。

　〔加熱しすぎに注意〕

② お魚ソーセージは1.5cm程度に切る。
③ ①、②、うずらの卵をつまようじに2個ずつ刺して、衣をつける（手順はP29えびフライと同じ）。
③を揚げる。好みでソース、ケチャップなどをつける。

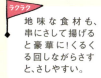

ラクラク
地味な食材も、串にさして揚げると豪華に！くるくる回しながらさすと、さしやすい。

串の持ち手にマスキングテープやカラーホイルを巻くとかわいい。

2 ひじきの煮物

作り方はP104参照。

栄養満点のひじきは常備菜として作っておくと、お弁当にも使えて便利。お弁当箱に入れるときはカップに入れて。

3 ご飯

材料
ご飯 … 茶碗1杯分
黒ごま … 適量
桜大根の漬け物 … 適量

作り方
① ご飯を盛り、8mm角に切った桜大根の漬け物をのせ、黒ごまをちらす。

桜大根の漬け物は色もきれい！たくあんもかわいい！

4 フルーツ（いちご）

基本の弁当 3 のバリエーション

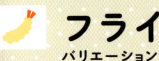

フライ
バリエーション

お弁当に入っているだけで豪華になる
えびフライとフライのバリエーション。

えびフライ | **リメイク**

[えびフライの卵とじ丼]

しっとり卵とじがえびフライにしみておいしい

材料
- えびフライ … 2本
- 玉ねぎ … 1/10 個
- 卵 … 1個
- 冷凍グリーンピースやパセリ … 適宜
- A
  - だし汁 … 大さじ4
  - しょうゆ … 大さじ1
  - みりん … 大さじ1
  - 砂糖 … 大さじ1
- ご飯 … 茶碗多め1杯分

作り方
1. 小さなフライパンにAを入れ、スライスした玉ねぎを入れて煮立てる。
2. えびフライを入れて、途中えびフライの上にもつゆをかけて玉ねぎが柔らかくなるまで煮る。
3. 溶き卵をまわし入れ、ふたをして火を通す。お好みでグリンピースやパセリを散らす。
4. ご飯の上にのせる。

/point/
- ＊Aの代わりに麺つゆを使ってもOK。少し砂糖を足して甘めに煮詰めるとよりおいしい。
- ＊夕飯のえびフライを多めに作ってお弁当に回したり、冷凍のえびフライを使っても。

えびフライ | **リメイク**

[えびフライののり巻き]

ちょっぴり出ているえびがかわいい

材料（1個分）
- えびフライ … 1本
- 焼きのり … 全形 1/3 枚
- ご飯 … 茶碗約 2/3 杯分
- サラダ菜 … 1枚
- ソース … 適宜

作り方
1. のりは全形の 1/3 サイズになるように切る。
2. ①ののりを巻きすにのせ、手前と奥を少し残してご飯を薄く敷き詰める。
3. 手前 1/3 の場所に、サラダ菜、ソースをつけたえびフライをのせて、端からしっかりと巻き込む。
4. 巻き終わりを下にしてしばらくおき、完全に冷めてから包む。

/point/
- ＊巻き終わってから2等分に切ってもOK。
- ＊中にチーズやタルタルソースを入れてもおいしい。

えびフライ | **リメイク**

[えびの春巻き揚げ]

えびに春巻きの皮を巻いただけのシンプル春巻き

材料
- えび（下処理をしたもの） … 2本
- 塩・こしょう … 各少々
- 春巻きの皮 … 1枚
- 揚げ油 … 適量
- ケチャップ … 適宜

作り方
1. 春巻きの皮は長方形になるように半分に切る。
2. えびは塩、こしょうして下味をつけ、①の皮の上におく。えびの太い部分を包むように底を一度折り返してから、端からしっかり巻きつけていく。手でしっかりと押さえてえびの水分で貼りつける（つきづらいときは水溶き片栗粉をつけても）。
3. 170度の油で揚げる。お好みでケチャップを添える。

/point/
- 中に荒く刻んだゆで卵を入れるとボリュームUP。

[簡単ツナコロッケ]

フライ｜アレンジ

ツナを使ってレンジ加熱で作るお手軽コロッケ

材料（約2個分 作りやすい分量）
- じゃがいも … 1個（約100g）
- スライスチーズ … 1/2枚
- ツナ（缶詰）… 大さじ1〜2
- 塩・こしょう … 各少々
- 薄力粉・水 … 適量

作り方
1. じゃがいもは水分をつけたまま、丸ごとラップにふんわり包み、電子レンジで約4分間加熱する。途中上下を返し、加熱ムラがないように気をつける。
2. 皮をむいてつぶし、ツナ、塩、こしょうを加えて味を調える。2等分して、中に折りたたんだチーズを入れて形を整える。
3. 基本のえびフライと同じ要領で水で溶いて練った薄力粉、パン粉をつける（溶き卵を使ってもOK）。
4. 180度の油で表面がきつね色になるまで揚げる。

\point/
- ＊チーズの代わりに、丸形のウインナーなどもおすすめ。
- ＊中身に火が通っているので、高温で表面に色がつくまで揚げればOK。

[ささみの一本フライ]

フライ｜アレンジ

脂肪分の少ないささみでヘルシーフライ。

材料
- ささみ … 1本
- 塩・こしょう … 各少々
- 薄力粉 … 適量
- パン粉 … 適量
- 揚げ油 … 適量
- ケチャップ … 適宜

作り方
1. ささみは筋を除き、塩、こしょう、薄力粉の順につける（筋なしのささみを買うとさらに手軽）。
2. 基本のえびフライと同じ要領で水で溶いて練った薄力粉、パン粉をつける（溶き卵を使ってもOK）。
3. 170度に熱した油で中に火が通るまでしっかりと揚げる。食べやすい大きさに切るか、まるごとお弁当箱に入れても。

\point/
- ＊パン粉をまぶす前にマヨネーズを加えるとコクが出る。
- ＊ささみの間に切り込みを入れて、しそ、バジルなどをはさんだり、バジルペースト、練り梅を塗ると違った風味のフライに。
- ＊細かく切って揚げるより、まるごと揚げる方がカロリーが低くなる。体重を気にする子にもおすすめ。

[いかリングフライ]

フライ｜アレンジ

いかをフライにすると食べやすい

材料（1〜2人分の作りやすい分量）
- いか … 1/2杯分（胴の部分／皮をむいたもの）
- 塩・こしょう・顆粒コンソメ … 各少々
- 薄力粉 … 適量
- 溶き卵 … 適量
- パン粉 … 適量
- 揚げ油 … 適量
- ソース・レモン … 適宜

作り方
1. いかは1cm幅に切り、油はねしないよう丁寧に水をふき、塩、こしょう、コンソメ、薄力粉をしっかりまぶす。
2. ①のいかに卵、パン粉の順にしっかりとつける。
3. 170度の油で火が通るまで揚げ、ソースとレモンを添える。

\point/
- ＊油はねを避けるため、しっかりといかの皮と水分を除き、粉をまぶし、気をつけながら揚げる。いかの皮むきなどの下処理をお店でやってもらうと手軽。
- ＊パン粉にドライハーブをまぶすと違った風味に。

[豚こまとんかつ]

フライ｜アレンジ

冷蔵庫にある豚こま切れ肉もりっぱなとんかつに。

材料（1枚分）
- 豚こま切れ肉 … 70g（薄切り肉でもOK）
- 塩・こしょう … 各少々
- 薄力粉 … 適量
- パン粉 … 適量
- 揚げ油 … 適量

作り方
1. 豚こま切れ肉は重ねながらとんかつのように厚みを出して、形を整える。手でしっかり肉を押しつけてひとかたまりにする。塩、こしょう、薄力粉の順につける。
2. 基本のえびフライと同じ要領で水で溶いて練った薄力粉、パン粉をつける（溶き卵を使ってもOK）。
3. 170度に熱した油で中まで火が通るまでしっかりと揚げる。冷めてから切り分け、お好みでソースとレモンを添える。

\point/
かつ丼にしたり、かつサンドにしてもおいしい。

基本の弁当 4

オムライス弁当

薄焼き卵をカンバス代わりにちょこっとデコれば
大好きなオムライスがかわいくなって子どもも大喜び。

1 オムライス
2 ミニトマトのドレッシングマリネ
3 ゆでスナップえんどう
＊すき間にキューブ形チーズ

2 ミニトマトのドレッシングマリネ

3 ゆでスナップえんどう

1 オムライス

のりきりポイント

* 最小限の具のケチャップライスに 薄焼き卵をのせるだけ 。
* ライスは冷凍ピラフ（ケチャップライス）を使ったり、市販の「ナポリタンソース」を使っても。
* 上にハムなどを飾るだけでも見た目UP。

1 オムライス

材料

【ケチャップライス】
温かいご飯 … 茶碗1杯分
玉ねぎみじん切り … 大さじ1・1/2
ベーコン … 1/2枚
オリーブ油 … 小さじ1
A｜ケチャップ … 大さじ1・1/2
　｜ウスターソース … 小さじ1/2
　｜顆粒コンソメ・塩・こしょう … 各少々
ケチャップ … 適宜

（ミックスベジタブルでも。）

【オムレツ】
B｜卵 … 1個
　｜牛乳 … 小さじ1
　｜塩・こしょう … 各少々
サラダ油 … 少々
飾りのハム・スナップえんどう・マヨネーズ・ケチャップ … 適宜

作り方

《ケチャップライスを作る》
① ベーコンは1cm角に切る。
② フライパンにオリーブ油を熱し、玉ねぎ、①を炒め、Aを加えて軽く煮詰める。
③ ご飯を加えて炒め合わせ、味を調える。
④ ラップに包んで形を整え、お弁当箱に詰めてラップをはずす。
⑤ 上にケチャップを塗る。

《薄焼き卵を作る》
⑥ Bを混ぜ、油を熱したフライパンで薄焼き卵を作る（作り方はP40参照）。
⑦ ⑥を⑤にのせて上からラップで整える。
⑧ 飾りをつける。

（ラクラク）ライスは冷凍ピラフを使ったり、市販のナポリタンソースを使ってもOK。

ご飯はお弁当箱に合わせて形を整える（手順④）

ケチャップを卵とご飯の間に塗ればぐちゃぐちゃにならない（手順⑤）

卵をのせてからもう一度形を整えるときれいに（手順⑦）

お好みの形に切ったハム、スナップえんどうは、マヨネーズを接着剤代わりにして飾りつける。

ケチャップなどの調味料はご飯の前に炒めてしっかり水分を飛ばして。

2 ミニトマトのドレッシングマリネ

材料
ミニトマト … 2~3個
お好みのドレッシング … 適宜

作り方
① ミニトマトは半分に切る。お好みのドレッシングであえてマリネする。
＊マリネ：短時間漬け込むこと

（イタリアンドレッシング、フレンチドレッシングなどがおすすめ。）

（ラクラク）いつものミニトマトもドレッシングとあえるだけで副菜に。

3 ゆでスナップえんどう

材料
スナップえんどう … 2~3本

作り方
① スナップえんどうはゆでて、一部飾り用に半分に割って中身を見せ、残りは詰めやすいよう斜め半分に切る。

スナップえんどうの一部をチューリップの葉の部分のデコにも使って。

スナップえんどうは中身を見せるとかわいい。

すき間に、彩りのいいキューブ形チーズ。

オムライス弁当のアレンジ弁当
オムレツ弁当

大好きな炒飯と
存在感のあるオムレツに子どももニコニコ。

1 ひじき炒飯
2 オムレツ
3 さつまいもの
　スイートサラダ
＊すき間にブロッコリー

2 オムレツ

1 ひじき炒飯　　3 さつまいものスイートサラダ

のりきりポイント

＊オムレツをのせるだけで簡単。スクランブルエッグでもOK。
＊炒飯の具はお好みで選んでアレンジ自在。
＊副菜のブロッコリーとさつまいもは同じ鍋でゆでて。

1 ひじき炒飯

材料
温かいご飯 … 茶碗1杯分（多め）
パプリカ … 1cm分
長ねぎ … 3cm
鶏ひき肉 … 大さじ2
芽ひじき … 大さじ1（水でもどしたもの）

> 乾燥芽ひじき1つまみを水でもどす。もどしたものを小分けにして冷凍しておいても。ひじきの水煮を使ってもOK。

サラダ油 … 小さじ1
A ┃ しょうゆ … 小さじ1
　 ┃ 和風顆粒だし … 少々

作り方
❶ パプリカと長ねぎはみじん切りにする。
❷ フライパンに油を熱し、❶、ひき肉、ひじきを炒める。ご飯を加えて炒め合わせ、Aを入れる。お弁当箱に盛りつける。

2 オムレツ

材料
卵 … 1個
A ┃ 塩・こしょう … 各少々
　 ┃ 牛乳 … 小さじ1
サラダ油 … 少々

> お弁当用なので、中まで火を通す。

作り方
❶ 小さめのフライパンにサラダ油を熱し、卵に混ぜ合わせたAを入れて小さめのオムレツを作る。
❷ ひじき炒飯の上にのせる。

 ケチャップはボトルなどで添えても。

ラクラク 小さいフライパンがあれば卵料理も作りやすい。直径12cmのフライパンがあればお弁当の卵料理に大活躍。ない場合はフライパンの端を使って調理しよう。

ひじきは缶詰を利用してもOK！

3 さつまいものスイートサラダ

作り方はP98参照。

さつまいもは少量を電子レンジで加熱すると、かたくなりやすいので、できれば鍋で水からゆでるとよりおいしい。

ラクラク 同じ湯でブロッコリーもゆでて一緒に詰めればラク。

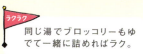

 レーズンの代わりにナッツなどを加えてもおいしい。

基本の弁当 4 のバリエーション

卵焼き バリエーション

ワンパターンになりがちな卵焼きも具や調味料を変えたらアレンジいろいろ（基本の卵焼きの作り方はP40参照）。

だし巻き卵（だし入り）

材料（作りやすい分量）
卵 … 2個
酒・砂糖 … 各大さじ1/2
だし汁 … 大さじ1・1/2
塩 … 少々
しょうゆ … 小さじ1/3〜1/2
サラダ油 … 小さじ1/2

作り方は基本の卵焼き（P40参照）と同じ。だしが入るとやわらかく崩れやすいので、折り返すときはゆっくりとていねいに。

カニカマ入り

基本の卵焼きにカニカマ2本をほぐして焼く。

春雨と焼き豚中華味

材料（作りやすい分量）
卵 … 2個
もどした春雨（刻む）… 大さじ1・1/2
焼き豚スライス … 1枚
酒・砂糖 … 各小さじ1
しょうゆ … 小さじ1/2
中華顆粒だし … 小さじ1/6
塩・こしょう … 各少々
サラダ油 … 小さじ1/2

作り方
❶ 春雨は5mm長さ程度にきざみ、焼き豚も5mm角に切る。
❷ 油以外の材料をすべて混ぜ合わせ、基本の卵焼き同様に焼く。

にんじん入り

千切りにんじんを基本の卵焼きに入れて焼く。お好みで白ごまを加えてもおいしい。

板のり巻き巻き卵

基本の卵焼きを巻き込むとき（P40手順❺）に、卵焼き器よりも短めの長さに切った焼きのりを、半熟の状態で上にのせ、箸で巻き込む。

黒ごま入り

基本の卵焼きに黒ごま小さじ1/2を混ぜる。

オムレツ
バリエーション

子どもの大好きな具材を包んだオムレツに挑戦！

冷凍グラタン入りクリームオムレツ

材料
- 卵 … 1個
- 牛乳 … 小さじ1
- 塩・こしょう … 各少々
- 冷凍グラタン（お弁当用のミニサイズ）… 1個
- サラダ油（またはバター）… 小さじ1/2
- ケチャップ … 適宜

作り方
1. 冷凍グラタンは表示どおり解凍する。
2. 卵、牛乳、塩、こしょうを混ぜ合わせ、サラダ油を熱したフライパンに一気に流し入れ、大きく2～3回混ぜる。弱火にして、❶を手前半分にのせ、折りたたみ、形を整えるようにして包む。弱火でしっかりと火を通す。
3. お好みでケチャップを添える。

紅しょうがと桜えび天かすお好み焼き風

材料
- 卵 … 1個
- 酒・ソース … 各小さじ1
- 青のり … 小さじ1/2
- 紅しょうが … 小さじ1
- 天かす・桜えび … 各大さじ1/2
- サラダ油 … 小さじ1/2

※材料はそろうもので。

作り方
1. サラダ油以外の材料をすべて混ぜ合わせる。
2. フライパンに油を熱し、❶を一気に加えて大きく混ぜ、半熟になってきたら折りたたんで形を整える。弱火でしっかりと火を通す。

ウインナー＆ミックスベジタブルとチーズ（ピザ味）

材料
- 卵 … 1個
- 牛乳 … 小さじ1
- 塩・こしょう … 各少々
- ミニウインナー … 1本
- ミックスベジタブル … 大さじ1
- ピザ用チーズ … 小さじ1
- ピザソース … 小さじ1
- サラダ油（またはバター）… 小さじ1/2
- ケチャップ … 適宜

作り方
1. ウインナーは5mm幅に切り、ミックスベジタブル、卵、牛乳、塩、こしょうと一緒に混ぜ合わせる。
2. フライパンに油を熱し、❶を一気に加えて混ぜ合わせ、半熟になったところでチーズとピザソースをのせる。半分に折りたたんで形を整え、弱火で火を通す。お好みでケチャップを添える。

ほうれん草とベーコン入り

材料
- 卵 … 1個
- 牛乳 … 小さじ1
- 塩・こしょう … 各少々
- ゆでたほうれん草 … 1/2株（約15g）
- ベーコン … 1/2枚
- サラダ油（またはバター）… 小さじ1/2
- ケチャップ … 適宜

作り方
1. ベーコンは1cm角に、ほうれん草は1cmの長さに切る。卵、牛乳、塩、こしょうと一緒に混ぜ合わせる。
2. フライパンにサラダ油を熱し、❶を一気に流し入れて大きく2～3回かき混ぜ、折りたたんで形を整える。弱火でしっかりと火を通す。

基本の卵料理

お弁当には欠かせない卵料理。
うまく作るためのコツをマスターすれば、見栄えもアップ！

材料＊共通＊
（作りやすい分量）

■卵 … 2個　■砂糖・酒 … 各小さじ1　■しょうゆ … 小さじ1/2　■塩 … 少々　■サラダ油 … 小さじ1/2
＊甘めが好きな人は砂糖をプラス、苦手な人は、だし汁やしょうゆをプラスして調節しよう。

[卵焼き]

❶ 混ぜる

サラダ油以外のすべての材料をボウルに入れて、混ぜる。ボウルの底に箸をあてて、調味料を溶かす。混ぜすぎると、焼き上がりがふんわりしないので注意。

ときには切るように混ぜて、白身のかたまりをなくす。

❷ 卵を流し入れる

中火でフライパンに油をひいて熱する。卵をたらしてみて、ジュッとなったら一気に卵をフライパンに流し入れる。

❸ 混ぜる

一部分だけ固まらないように大きく混ぜながら焼く。

❹ 弱火で待つ

底面が固まってきたら弱火で半熟になるまでしばらく待つ。

❺ 巻く

卵が流れなくなったら、火からちょっと離して形を整えながら好みの太さに巻く。

巻くときに軽く押すと、空気が抜けてきれいに巻ける。巻きすで巻けばさらにきれいに。

\point/
卵料理は中火が基本。だけど最後は弱火にして転がしながら焼くと、中までしっかり焼けてお弁当向き。最後は巻きすやキッチンペーパーで形を整えて。

[薄焼き卵]

❶ 混ぜる

卵焼きと同様の方法で混ぜる。

❷ 油を入れる

油がたまっている部分があると仕上がりがデコボコになるので、余分な油はふき取る。

❸ 卵を入れる

中火でフライパンを熱し、熱くなっているのを確認したら、手早く卵を入れて、フライパンを動かして広げる。

❹ 火を消す

固まってきたら火を消す。

❺ 卵を返す

箸でくるっと巻き込みながら卵を持ち上げて奥から返す。

➡ ❻ 火を再びつけて焼く

火を再びつけて焼き、固まったら完成。

\point/
＊水溶き片栗粉を少し混ぜると破れにくくなる。
＊色をきれいに見せたいときは、しょうゆなしで焼く。

卵料理のデコ・バリエーション

卵料理のデコはアレンジいろいろ！まずは簡単なものからトライしてみよう。

うずらの卵のデコ

すかしもよう
細いストローで白身に穴を開ける。

ひよこ
うずらの卵にギザギザの切り込みを入れて白身を後ろにずらし、のりで顔をつける。

ぶた
うずらの卵に切り込みを入れ、ハムの耳をつける。のりで目、ハムで鼻をつける。

これは便利！
うずらの卵にフィットするミニのりパンチと、動物の形を作れる抜き型。

うずらの卵カッター

のりパンチ

ピンセット＆竹串

ピンセットや竹串は、カットしたのりをつけるときに、ストローは抜き型に使用。細かい作業にぴったり！

薄焼き卵のデコ

花形切り

❶ 薄焼き卵に切り込みを入れる。
❷ 半分に折る。
❸ 端から巻いていく。
❹ 形を整える。

ゆで卵のデコ

花
図①
ナイフなどで図①のように中心まで切り込みを入れ、2つに分ける。黄身にごまを振る。

顔
のりパンチを使って、のりで顔を作る。

卵焼きのデコ

ハート
作り方はP45参照。

1 鮭のピザ風焼き
2 アスパラのベーコン巻き
3 くまの顔ご飯
　＊すき間にミニトマト

お魚弁当（鮭のピザ風焼き弁当）

苦手な子が多い魚も大好きなピザ風の味付けで食べやすく。

1 鮭のピザ風焼き

2 アスパラのベーコン巻き

3 くまの顔ご飯

のりきりポイント

* 味つけを変えていつもと違う魚メニューに。
* 骨、皮なしのお刺身用の鮭のさくを使えば切る手間なし。
* ピザソースとチーズをのせてトースターで焼くだけ。
* トースターで主菜と副菜を同時に調理。

1 鮭のピザ風焼き

材料
- 生鮭（切り身、またはお刺身用のさく）… 50~70g
- 塩・こしょう … 各少々
- ピザソース … 大さじ1
- 溶けるチーズ … 大さじ1
- パセリのみじん切り … 少々
- アルミカップ … 1個

作り方
1. 生鮭は食べやすい大きさに切り、アルミカップに並べて塩、こしょうをする（切り身を使う場合は、皮と骨を除く）。
2. ピザソース、チーズをのせて、トースターで5分程度火が通るまで焼く。あればパセリを散らす。

* トースターはワット数によって加熱時間が異なるので、しっかり中まで火が通るよう加熱。

アルミカップで作ればそのまま詰められて便利なうえに、子どもも食べやすい。水分や油分が出てきたら、軽くペーパータオルで吸わせる。

ラクラク トースターで魚も副菜も一度に焼いてしまうと時短に。

2 アスパラのベーコン巻き

材料
- アスパラガス … 1~2本
- ベーコン … 1枚
- 塩・こしょう … 各少々
- つまようじ … 2本

作り方
1. アスパラガスは根元のかたい部分はピーラーで皮を除き3~4等分の長さに切る。熱湯でさっとゆでる。
2. ①をアスパラガスの太さによって2~3本まとめて、半分に切ったベーコンで巻き、つまようじでとめる。

> つまようじは縦にぬいとめるようにする。

3. アルミホイルを敷いた上に載せ、トースターで5分程度焦げ目がつくまで焼く。塩味が足りなければ、塩、こしょうを少々振る。

> フライパンで焦げ目がつくまで焼いてもOK。

苦手な野菜もベーコンと一緒だと食べやすく！

3 くまの顔ご飯

作り方
1. ご飯茶碗1杯をくまの型に入れるか、ラップで形づくり、塩少々をまぶす。
2. 冷めてから、のりパンチまたははさみで切ったのりの顔をのせ、桜でんぶでほっぺをつける。

かわいい型を使えばお弁当も華やかに。100円ショップでも売っている型をいくつか持っていると便利！

すき間にミニトマト。赤、黄色のミニトマトにピックをさしてかわいく♪

基本の弁当 5

えびフライ弁当のアレンジ弁当

お魚のベーコン巻き弁当

淡白な味の魚もベーコンで巻いて
ボリュームUPすると満足感いっぱいに。

1 お魚のベーコン巻き
2 じゃがいものゆかりあえ
3 ハートの卵焼き
4 ふりかけご飯
 ＊すき間に温野菜

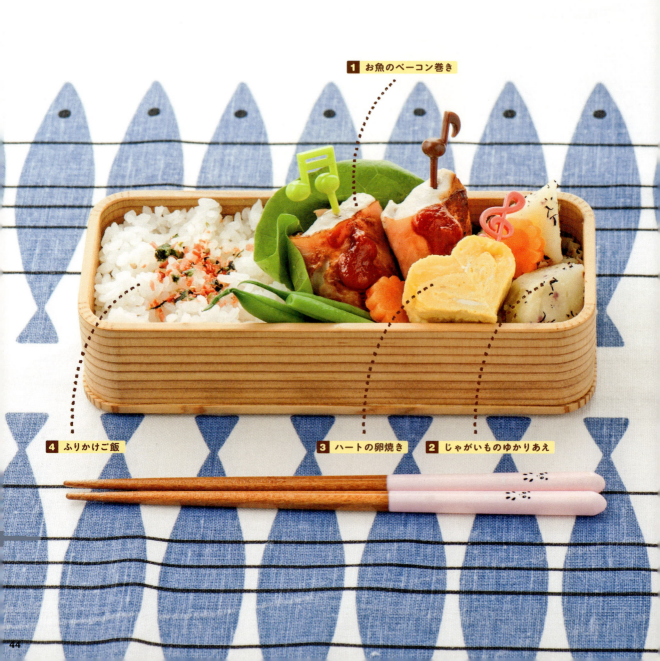

1 お魚のベーコン巻き
2 じゃがいものゆかりあえ
3 ハートの卵焼き
4 ふりかけご飯

のりきりポイント

* **淡白な魚もベーコンでボリュームUP**。
* ベーコンと一緒なら魚嫌いの子も食べやすい。
* 巻いて焼くだけなので簡単。
* 骨なしのめかじきや鮭の刺身用さくで作ると下ごしらえ簡単。

1 お魚のベーコン巻き

材料
めかじき … 1/2~1切れ（70g）
ベーコン … 1・1/2~2枚
塩・こしょう … 各少々
オリーブ油 … 小さじ1/2
ケチャップ … 適宜

（白身魚や鮭でも）

作り方
1. めかじきは3~4等分して食べやすい大きさに切り、塩、こしょうを多めにする。
2. ①に半分に切ったベーコンを巻きつけ、つまようじでとめる。
3. フライパンにオリーブ油を熱し、②を巻きおわりを下にして両面中火で焼く。ふたをして途中転がしながら弱火で火を通す。ケチャップを添える。

ふたをして弱火でじっくり中まで焼く。

2 じゃがいものゆかりあえ

材料
じゃがいも … 1/2個
ゆかり … 少々

作り方
1. じゃがいもはゆでるか、電子レンジで加熱して火を通す。温かいうちに皮をむいて一口サイズに切る。
2. ゆかりをまぶす。

3 ハートの卵焼き

基本の卵焼きの作り方はP40参照

ハートの卵の作り方

卵焼き1切れを斜めに切り、交互に組み合わせてピックでとめる。

 →

▲卵焼きの真ん中を斜めに切る　▲ハート形になるようにつける

4 ふりかけご飯

ご飯を詰め、ふりかけを中央にのせる。ふりかけはおかずの色を見て足りない色をプラスすると彩りUP！

すき間に温野菜。
ゆでたにんじん、いんげんを添える。

基本の弁当 5 のバリエーション

魚バリエーション

ついついお肉料理に偏りがちなお弁当。
子ども好みの味つけをマスターして、魚にもチャレンジ！

魚 アレンジ
[鮭の照り焼き]

定番の味つけは年齢を問わず人気

材料
- 生鮭 … 1切れ
- 薄力粉 … 適量
- A しょうゆ・みりん … 各小さじ1
- 　 砂糖 … 小さじ1/2
- サラダ油 … 小さじ1/2

作り方
1. 鮭は半分〜3等分に切り、薄力粉をまぶす。
2. フライパンにサラダ油を熱し、❶を両面強火で焼いて、弱火にしてふたをし、火を通す。
3. 余分な油はふきとり、Aを加えて煮からめる。お好みで白ごまを振っても。

\point/
味つけ前に余分な油をきちんとふき取ることが、味をしっかりつけるポイント。

魚 アレンジ
[めかじきの竜田揚げ]

やわらかくて鶏のから揚げ風の味が子どもにも好評！

材料
- めかじき … 1切れ
- A しょうゆ … 大さじ1/2
- 　 酒 … 小さじ1
- 　 しょうがのすりおろし … 小さじ1/2
- 片栗粉 … 適量
- 揚げ油 … 適量

作り方
1. めかじきは食べやすい大きさに切り、Aに漬けておく。できれば30分くらいおくと味がなじんでおいしい。
2. 揚げる直前に片栗粉をまぶし、170度の油で揚げ焼きにする。

\point/
めかじきのほか、さばなどでもOK。

魚 アレンジ
[鮭のパン粉焼き]

魚が苦手な子どもも食べやすいおかず

材料
- 生鮭 … 1/2〜1切れ
- 塩・こしょう … 各少々
- A パン粉 … 小さじ2
- 　 粉チーズ … 小さじ1/2
- 　 ドライパセリ・バジルなど … 小さじ1/3
- 　 オリーブ油 … 小さじ1/2
- 　 塩 … 少々
- アルミカップ … 1個

作り方
1. 鮭は皮と骨を除き、一口サイズに切り、塩、こしょうしてアルミカップに並べる（量は調節する）。
2. 混ぜ合わせたAを❶にのせ、トースターで火が通るまで5〜8分間焼く。

\point/
＊パン粉にも少量の塩と粉チーズで味をつけることでよりおいしくなる。
＊パン粉が焦げやすいので注意。お好みでレモンやケチャップなどを添えても。

［鮭のちゃんちゃん焼き風］
魚／アレンジ

北海道の名物料理で野菜も一緒にとって

材料
- 鮭 … 1/2切れ（約50g）
- キャベツ … 1枚
- もやし … 30g
- にんじん … 10g
- A
  - みそ … 小さじ1
  - みりん・酒 … 小さじ1
  - しょうゆ … 小さじ2/3
  - バター … 小さじ1/3
- サラダ油 … 小さじ1/2

作り方
1. 鮭は皮と骨を除き、一口サイズに切る（お刺身用だと簡単）。
2. キャベツは2cm角、にんじんは2mm厚の短冊切りにする。
3. フライパンに油を熱し、鮭、野菜を並べて炒める。鮭は混ぜないで裏返すように焼くと身が崩れない。
4. 火が通ったところでAを加えて煮からめる。

\point/
玉ねぎやピーマン、きのこ類など家にある野菜でOK。

［鮭の塩麹漬け焼き］
魚／アレンジ

塩麹で魚をまろやかに

材料
- 鮭 … 1切れ
- 塩麹 … 大さじ1

「すぐに焼いてもOK」

作り方
1. 鮭は半分〜3等分に切り、塩麹に漬ける。両面にまぶしつけ、ラップをぴったりとしてそのままできれば30分以上漬ける。
2. アルミホイルを敷いた上に、❶を軽く塩麹を手でぬぐってのせ、弱火のグリルで両面火が通るまで焼く。

\point/
塩麹は少しの時間でも漬け込むとおいしいが、軽くもみ込んですぐに焼いても。

［鮭のごま衣焼き］
魚／アレンジ

ごまの風味を生かした魚料理

材料
- 生鮭（刺身用のさく）… 50〜70g
  （切り身の場合は1切れの骨と皮を除く）
- 塩・こしょう … 各少々
- 薄力粉 … 適量
- 白ごま・黒ごま … 各小さじ1/2
- ポン酢 … 小さじ1
- サラダ油 … 小さじ1/2

作り方
1. 鮭は骨と皮を除き、半分に切る。塩、こしょう、薄力粉をまぶす。
2. 半量に白ごま、残りに黒ごまを手で貼りつけるようにまぶす。鮭から出る水分で貼りつくが、くっつきづらいときは水少々をつける。
3. フライパンに油を熱し、ふたをしながら❷の両面焼いて火を通す。ごまが焦げないよう焼きすぎに注意する。火を止めてポン酢をかける。

\point/
ポン酢の代わりに、麺つゆで味をつけたり、甘辛く煮からめてもOK。

［サーモンフライ］
魚／アレンジ

子どもが喜ぶフライにしても

材料
- 生鮭 … 1切れ（70g）
- 塩・こしょう … 各少々
- 薄力粉・水 … 適量
- パン粉 … 適量
- サラダ油 … 適量
- レモン・ソースなど … 適宜

作り方
1. 鮭は骨と皮を除き、食べやすい大きさに切り、塩、こしょうをする。
2. 混ぜ合わせた薄力粉と水をべったりとつけ（薄力粉をまぶし、溶き卵にくぐらせてもOK）、パン粉をしっかりとまぶしつける。
3. 170度の油で揚げる。

\point/
お好みでレモン、ソース、ケチャップなどを添えたり、フライの上にチーズをのせても。

基本の弁当 6

そぼろ弁当

お弁当の王道そぼろごはんも
盛りつけでうれしさUP！

1. いり卵
2. 鶏そぼろ
3. ゆで野菜
4. ご飯
5. フルーツ（オレンジ）

5 フルーツ（オレンジ）
2 鶏そぼろ
4 ご飯（下に詰めてある）
3 ゆで野菜
1 いり卵

のりきりポイント

* 材料をフライパンで混ぜてボウルの使用を省略。
* 卵→そぼろの順に炒めてフライパンを洗う手間を省く(ペーパーでふく)。
* 冷凍枝豆で手軽に野菜をプラス。
* 型抜きのにんじんを飾って、単品弁当でもかわいく。
* そぼろは多めに作ったら小分けにして冷凍しておくと便利。

1 いり卵

材料（作りやすい分量 1～2人分）
卵 … 1個
砂糖・酒 … 各小さじ 1/2
しょうゆ・塩 … 各少々
（卵2個で作るときは、
　砂糖・酒 … 各小さじ 1
　しょうゆ … 小さじ 1/4、塩 … 小さじ 1/6）

作り方
① 火をつける前に材料をすべてフライパンに入れてよく混ぜる。
② 中火で熱しながら箸を手早く動かし、いり卵を作る。
③ 一旦火を消して取り出し、フライパンはペーパータオルなどでふき取り、そぼろを作る。

🚩 **ラクラク** フッ素樹脂加工のフライパンなら、卵は直接フライパンに割って調味料を加えたあとに、混ぜながら炒める。ボウルを洗う手間が省ける!

→ この順番で

2 鶏そぼろ

材料（作りやすい分量 1～2人分）
鶏ひき肉（むね）… 100g
しょうゆ … 小さじ 2～3
砂糖・酒 … 各小さじ 2
しょうがのすりおろし … 小さじ 1/2

作り方
① フライパンにそぼろの材料をすべて入れて箸で全体がなじむまでよく混ぜる。
　　火をつける前に調味料を入れて混ぜるとひき肉がほぐれやすい。
② 火をつけ、箸で手早く混ぜながら、中火で加熱する。水分が出てきたら、煮汁が少し残り、肉がしっとりするまで煮汁を煮つめる。

🚩 **ラクラク** 多めに作って冷凍しておけば、お弁当や夕飯のおかず（かぼちゃのそぼろ煮、豆腐のそぼろあんかけなど）にも使える!

3 ゆで野菜

材料
にんじん … 4cm
冷凍枝豆 … 3さや

💬 ほうれん草、オクラなどお好みの野菜で。

作り方
① にんじんは薄切りにしてゆでて型で抜く。冷凍枝豆は解凍してさやから出す。

4 ご飯

ご飯 … 茶碗 1杯（多め）

ご飯をお弁当箱に詰め、いり卵、鶏そぼろ、ゆで野菜を彩りよく盛りつける。

5 フルーツ（オレンジ）

材料
オレンジ … 3切れ

😊 **定番のそぼろ弁当も盛りつけのアイディアはたくさん!**
彩りが鮮やかなそぼろ弁当は、盛りつけが映える。カンバスに絵を描くように、いろいろな盛りつけを試してみよう!

💬 斜めに盛りつけてもかわいい。

基本の弁当 6

そぼろ弁当のアレンジ弁当

タコライス弁当

ちょっぴり気分を変えたお弁当は
子どもが大好きなハンバーグ味。

のりきりポイント

* 「ハンバーグ味＋チーズ」で子どもが好きな味。
* 盛りつけはご飯にのせるだけ。
* 多めに「タコライスの素」を作って冷凍するとラク。
* 一品料理で野菜もとれる。

材料（作りやすい分量 1人分よりやや多め）

- ご飯 … 茶碗1杯分
- 合いびき肉 … 100g
- 玉ねぎ … 1/8個
- A
  - ケチャップ … 大さじ1・1/2〜2
  - ウスターソース … 大さじ1/2
  - 塩・こしょう・(あれば) オールスパイス … 各少々
- シュレッドチーズ（ピザ用など）… 10g
- ミニトマト … 2個
- オクラ … 1本 ← 変色しないよう、アボカド、レタスなどは使わずにオクラで。
- コーン … 小さじ1〜2
- ケチャップ … 適宜

 ラクラク
* 多めに❷の「タコライスの素」を作って冷凍しておけば、お弁当や晩ご飯に便利。
* タコライスはもちろん、電子レンジで解凍して、市販のトマトソースと煮立てれば、おいしい「ミートソース」になる。

作り方

❶ 玉ねぎはみじん切りにして、フライパンに合いびき肉と一緒に入れて炒める。油が出てきたらペーパータオルでふき取る。

❷ Aを加えて軽く煮つめる。

❸ ご飯を盛り、❷をのせて、チーズ、4等分に切ったミニトマト、ゆでて8mmに切ったオクラ、コーンをのせる。上からケチャップを絞るか、別に添える。

 夏はコーンをご飯にのせずに、ゆでたとうもろこしを添えるとボリュームUP！

お弁当箱は深めがGOOD。

 小さい子には少し深めのお弁当箱に入れるとこぼしにくく食べやすい。

★ **ひき肉の上手な選び方**
ひき肉は傷みやすいので、できるだけ新しいものを買い、早めによく加熱して使うことが大切。

牛ひき肉：ビビンパ風そぼろなど焼肉味にぴったり。炒飯やミートソースにも。

牛・豚合いびき肉：ハンバーグ、ミートボール、ミートソースなどオールマイティー。豚肉と牛肉の比率、脂身の量などにかなりの差がある。豚肉の比率が上がるとやわらかい食感に。色が白っぽいものは脂身が多く、加熱すると多量の油が出ることがあるので注意が必要。お弁当のハンバーグ、タコライスなどにはやや赤身が強いものがおすすめ。

豚ひき肉：合いびき肉同様に脂の量にかなりの差があり、赤身がかったもののほうがヘルシー。炒飯や中華風炒め物、和風のみそ炒め、シュウマイ、春巻、コロッケなど用途はたくさん。

鶏ひき肉：むねひき肉は比較的脂が少なくぽろぽろした食感で、そぼろごはんやあんかけ、かぼちゃのそぼろ煮などに合う。鶏のつくねだんごなどを作るときは、もも肉も入っていた方がしっとりしておいしい。用途に合わせて、半パックずつ買って混ぜて使っても。

基本の弁当6のバリエーション

そぼろ バリエーション

手軽に料理できるそぼろやひき肉のアレンジいろいろ。
ワンパターンになりがちなそぼろも味つけを変えて。

そぼろ｜アレンジ

〔 カレー風味のそぼろ 〕

いつものそぼろをカレー風味に

材料（作りやすい分量 1〜2人分）
鶏ひき肉 … 100g
A ┃ しょうゆ … 小さじ1・1/2
　 ┃ 砂糖 … 小さじ1
　 ┃ 酒 … 大さじ1
　 ┃ しょうがのすりおろし … 小さじ1/2
カレー粉 … 小さじ2/3
パセリ … 1房

作り方
① Aと鶏ひき肉をフライパンに入れ、菜箸でよく混ぜながら中火でいり煮する。
② ひき肉の色が変わったら、カレー粉とパセリを入れて混ぜ、火を止める。

\point/
家で食べる場合はさいの目に切ったトマトやきゅうり、アボカドを添えてもおいしい。

そぼろ｜リメイク

〔 そぼろ混ぜおにぎり 〕

かわいいおにぎりにすれば子どもも大喜び

材料（2個分）
ご飯 … 茶碗1杯分
そぼろ・いり卵 … 各1/4カップ
塩 … 少々

作り方
① そぼろといり卵をごはんに混ぜる。
② ラップに包んでにぎり、周りに塩少々をまぶす。

ラップのおにぎりやサンドイッチは、周りにシールなどを貼るとかわいい。油性マジックで顔を書いてもGOOD。

\point/
小さく丸型ににぎってリボンを結んでもかわいい！

そぼろ｜リメイク

〔 そぼろと練り梅
ゆかり混ぜごはん 〕

梅とゆかりが食欲をそそる

材料
ご飯 … 茶碗1杯分
そぼろ … 大さじ2
ゆかり … 小さじ1/2
練り梅 … 小さじ1/2

作り方
① ご飯に材料をすべて混ぜる。

\point/
＊練り梅の代わりに刻んだ梅干しでもOK。
＊大人にはしそやみょうがの千切りを加えるのがおすすめ。

[そぼろ | リメイク]
[そぼろちらし寿司風]
盛りつけを工夫すれば華やかに

材料
- 酢飯 … 茶碗1杯分
- そぼろ … 大さじ2
- いり卵 … 大さじ2
- 桜でんぶ … 小さじ1
- にんじん … 適量
- 青じそ … 1枚

作り方
① にんじんはゆでて型で抜く。
② 酢飯を半分までデザートカップ、お弁当箱などに入れて半量の卵、そぼろをのせる。酢飯をかさねて残りの卵、そぼろ、桜でんぶ、にんじん、青じそを飾る。

[ひき肉 | アレンジ]
[ビビンパ風]
辛さを調節すれば子どもでも食べられるビビンパに

材料（作りやすい分量 1〜2人分）
- 牛ひき肉 … 100g
- 焼肉のタレ … 大さじ1
- ごま油 … 小さじ1/2
- コチュジャン … 小さじ1（お好みで）
- ナムル（作り方はP101の中華ナムルあえを参考に）
- ご飯 … 適量

作り方
① フライパンにごま油を熱し、ひき肉を色が変わるまで炒める。
② 焼肉のタレを加えて、味がなじむようにいり煮にする。
③ ナムルを添えて、コチュジャンをのせる。ゆで卵、目玉焼きなどを添えるとボリュームUP。

[ひき肉 | アレンジ]
[なすとひき肉の炒めそぼろ]
野菜と一緒に炒めてしまえばラクチン

材料（作りやすい分量1〜2人分）
- なす … 1本
- パプリカ（黄色）… 1/8個
- 豚ひき肉 … 100g
- A
  - みそ … 小さじ1
  - みりん・酒 … 各小さじ1
  - 砂糖 … 小さじ1
  - しょうゆ … 小さじ1/2
  - しょうがのすりおろし … 小さじ1/2
- サラダ油 … 小さじ1/2

作り方
① なすは1cm角に切り、水にさらして水気を切る。パプリカは8mm角に切る。
② フライパンに油を熱し、ひき肉、①を炒め、肉の色が変わってなすがやわらかくなったらAを加えて軽く煮つめる。豚の油が多いようであれば、調味料を入れる前に一度油をペーパータオルに吸わせる。

\point/
なすは水にさらすとあく抜きになり、変色防止になる。

[ひき肉 | アレンジ]
[豚ひき肉の中華そぼろ]
いろいろな料理に使える中華味のそぼろ

材料（作りやすい分量）
- 豚ひき肉 … 100g
- しょうがのすりおろし … 小さじ1/2
- 長ねぎ … 白い部分8cm分
- A
  - ごま油 … 小さじ1/2
  - テンメンジャン … 小さじ2
  - 酒 … 大さじ1
  - しょうゆ … 小さじ1/2
  - 中華鶏がらスープの素（顆粒）… 少々
- 水溶き片栗粉 … 少々

作り方
① 長ねぎはみじん切りにする。
② フライパンに豚ひき肉を入れて炒め、途中半分程度色が変わってきたら①、しょうがを加えて炒める。油が多く出てきたら、キッチンペーパーで吸い取り、Aを加えてよく炒め合わせる。
③ 水溶き片栗粉を少しずつ加え、加熱しながらとろみをつける。

基本の弁当 7

焼肉丼弁当

ボリュームたっぷりのお肉のお弁当。
食欲旺盛な男の子はもちろん、かわいく盛れば女の子も大喜び。

1 焼肉丼
2 中華ナムルあえ
3 ゆで卵
＊すき間にミニトマト

2 中華ナムルあえ
3 ゆで卵
1 焼肉丼

のりきりポイント

＊ 薄切り肉を使えば冷めてもかたくなりづらく、加熱時間も短縮。
＊ 焼肉のタレで味つけ をしてご飯にのせるだけ。
＊ ガッツリ系弁当も、ゆで卵にのりで顔をつけてかわいく。

1 焼肉丼

材料
ご飯 … 茶碗1杯分
牛薄切り肉 … 2~3枚（80g）
焼肉のタレ … 大さじ1

作り方
❶ フライパンを熱し、牛薄切り肉を並べ、両面を中火で焼く。

　フッ素樹脂加工でない場合は少し油をひいて。

❷ 火が通ったらタレを加えて煮からめる。
❸ お弁当箱にご飯を浅めに盛り、❷をのせる。

ラクラク
中火で短時間で焦げない程度に水分をとばして煮からめる。

余ったタレも少しかけるとご飯にしみておいしい。好みで白ごまを振っても。薄切りの豚肉を使った「しょうが焼き丼」もおいしい♪

★ 小さな子には、肉を小さく切ってから焼くと食べやすい。

すき間に
ミニトマトは色もきれいなので、常備しておくといい♪

2 中華ナムルあえ

作り方はP101参照。

ラクラク 野菜は1つの鍋でゆでてしまえばラク。

鶏がらスープの素をごく少々を加えるとコクが出てよりおいしい。

3 ゆで卵

材料
ゆで卵 … 1/2個
焼きのり … 適宜
塩 … 適宜

作り方
半分に切ったゆで卵に塩を振り、のりパンチで抜いたのりで顔をつける。

いろいろな表情を試してもかわいい。

★ ゆで卵をきれいに切るコツ：
　きれいな包丁でゆっくりと前後にひくようにして切ろう。

基本の弁当 7

焼肉丼弁当のアレンジ弁当

肉巻きおにぎり弁当

たまには発想を変えて肉巻きおにぎりにチャレンジ。
食べやすい味つけとボリュームたっぷりのお弁当に子どもも大満足。

1 肉巻きおにぎり
2 きゅうりとミックスビーンズのサラダ
3 切り干し大根の煮物
＊すき間にミニトマト

1 肉巻きおにぎり　**3** 切り干し大根の煮物　**2** きゅうりとミックスビーンズのサラダ

のりきりポイント

* 焼肉のタレで味つけすれば失敗知らず。
* 肉巻きおにぎりは手早くできて豪華に見える。
* おにぎりにボリュームがあるので、副菜は簡単なものでOK。
* 副菜は浅漬け、フルーツだけでも。

1 肉巻きおにぎり

材料（2個分）
ご飯 … 茶碗1杯分
牛もも薄切り肉 … 2〜3枚（約80g）
焼肉のタレ … 大さじ1・1/2
白いりごま … 少々

> しっかり味をつけると冷めてもおいしい。

作り方
1. ご飯を半分にしてラップでおにぎりを作り、形を整える。
2. ❶に肉を貼りつけるようにして巻きつける。ご飯が見えないよう、肉をしっかり巻く。同様にもう1個作る。
3. フライパンを熱し（フッ素樹脂加工でないときは油少々をひく）、❷を中火で転がしながら全面を焼きつける。完全に火が通るよう、弱火でふたをして加熱する。油が出たらふき取り、タレを加えて煮からめる。お好みで白ごまを振る。

肉の上手な巻き方

▲白いご飯に肉を巻きつける ▲穴があいたら埋め、最後はラップでぎゅっと握って形を整える

ご飯に白ごまや青じそ、刻んだ青菜などを混ぜたり、肉の上に型抜きチーズをのせたりしてもおいしい。1個ずつアルミホイルやワックスペーパーで包むと食べやすい。

★ タレをからませた肉を、おにぎりに巻いてからオーブンで加熱してもOK。オーブンで焼くとその間に他のおかずを作ったりとオーブン任せのメリットあり。

> 持ち寄りパーティーなどにも使える肉巻きおにぎり。たくさん作るときはオーブンで焼くと便利。

2 きゅうりとミックスビーンズのサラダ

作り方はP99参照。

🚩ラクラク マヨネーズや市販のドレッシングで手軽に作れる。

3 切り干し大根の煮物

作り方はP104参照。

🚩ラクラク 常備菜を作っておけば一品の手間が省ける。

すき間に、ミニトマト。ピックにさしてかわいく。

基本の弁当 7 のバリエーション

  肉バリエーション

炒めるだけになりがちな肉も味つけや調理法を変えて

焼肉 リメイク
〔 韓国風焼肉のり巻き 〕

ボリュームたっぷりののり巻きで男の子も大満足

材料（詰めるのは1/2〜2/3）
- ご飯 … 茶わん1杯分（大盛り）
- 牛薄切り肉 … 70g
- 焼肉のタレ … 大さじ1強
- 白ごま … 小さじ1
- マヨネーズ … 大さじ1
- きゅうり … 1/3本
- にんじん … 30g
- ごま油・塩 … 各少々
- 焼きのり … 1枚

作り方
1. 牛薄切り肉はフライパンで焼き、焼肉のタレを加えて煮からめ冷ます。
2. きゅうりは8mm角程度の細切りに、にんじんは千切りにしてラップに包み、電子レンジで10〜20秒ほど加熱する。少量の塩とごま油であえる。
3. 巻きす（又はラップ）の上にのりをのせ、ご飯を薄くのばす。手前と奥を2cm程度あけておく。上にごまを振る。
4. ❸の上に、きゅうり、にんじん、❶を並べ、マヨネーズを絞る。
5. 手前からきっちりと巻き、とじ目を下にしてしばらくなじませ6等分に切る。

\point/
* きゅうりの代わりにレタスでも。
* マヨネーズのほか、コチュジャンをのせるとピリ辛の韓国風に。

焼肉 リメイク
〔 牛肉のサンドイッチ 〕

お好みのパンに焼肉をはさめば完成！

材料（作りやすい分量）
- 食パン8枚切り … 2枚
- バター・マヨネーズ … 各適量
- 牛薄切り肉 … 2〜4枚（70g）
- 焼肉のタレ … 大さじ1・1/2
- トマト … 1/2個
- サンチュ（またはサラダ菜など）… 2枚

作り方
1. フライパンを熱し、牛薄切り肉を焼き、焼肉のタレを煮からめて冷ます。
2. パンの半分にマヨネーズ、半分にバターを塗る。
3. サンチュ、薄切りにしたトマト、焼肉をはさみ、手で軽く押してからラップでぴったりと包む。できればしばらく冷蔵庫でなじませ、食べやすい大きさに切る。

\point/
* 中にチーズをはさんでもおいしい。バゲットやバンズ、ピタパンなどお好みのパンで。
* 小さな子どもには、1枚のパンを折り返して包むとこぼれにくくて食べやすい。

肉 アレンジ
〔 豚のしょうが焼き風 〕

定番メニュー。しょうがの風味が食欲をそそる

材料
- 豚薄切り肉（しょうが焼き用）… 70g（2〜3枚）
- A ┃ しょうがのすりおろし … 小さじ1/2
  ┃ しょうゆ・酒 … 各小さじ2
  ┃ 砂糖 … 小さじ1
- しめじ … 1/8パック
- 塩・こしょう … 各少々
- サラダ油 … 小さじ1/2

作り方
1. 豚肉は半分に切り、筋切り（※）をする。
2. フライパンに油を熱し、豚肉を炒める。余分な油をふき取り、Aを加えて煮からめる。
3. タレの残ったフライパンで、きのこを炒め、塩、こしょうで味を調える。

\point/
※筋切りとは、筋に対して切り込みを入れること。加熱による縮みを防ぐ効果がある。

* きのこはエリンギなどでも。
* 小さい子には豚こま切れ肉、しゃぶしゃぶ用薄切り肉などを使うと食べやすい。

| 肉 | アレンジ |

[牛肉と小松菜の
オイスターソース炒め]

ご飯がすすむオイスターソース味

材料
- 牛薄切り肉 … 70g
- 小松菜 … 小2株
- ミニトマト … 2個
- A ｜ 酒 … 大さじ1
- 　｜ オイスターソース … 大さじ1
- ごま油 … 小さじ1/2

作り方
1. 小松菜は3cmの長さに切り、ミニトマトは半分に切る。
2. フライパンにごま油を熱し、肉を炒め、9割火が通ったところでAを加える。小松菜とミニトマトを加えてさっと炒め合わせる。

\point/
小松菜など、下ゆでが必要ない青菜を使うとラク。おいしさのコツは炒めすぎないこと。

| 肉 | アレンジ |

[ズッキーニの
牛肉巻き焼き]

ズッキーニの歯ごたえがおいしい

材料
- 牛薄切り肉 … 70g(2枚)
- ズッキーニ … 4cm分
- A ｜ しょうゆ・酒 … 各大さじ1/2
- 　｜ 砂糖 … 小さじ1/2
- 塩・こしょう … 各少々
- サラダ油 … 小さじ1
- スライスチーズ … 1/2枚(お好みで)

作り方
1. ズッキーニは1cm程度の輪切りにし、塩少々を振って水気をふく。
2. ①に長さを半分に切った牛肉を巻きつけ、手でしっかりと押さえて形を整え、こしょうを振る。
3. フライパンにサラダ油を熱して焼き、ふたをしてズッキーニがやわらかくなるまで弱火で火を通し、Aを加えて煮からめる。
4. 火を止めて、スライスチーズをのせる。

星形に抜いてもかわいい。

\point/
＊味つけは焼肉のタレでもOK。
＊ズッキーニの代わりになすでもおいしい。

| 肉 | アレンジ |

[牛肉のサテ風
ピーナッツバター焼き]

ピーナッツの甘辛風味がやみつきに

材料
- 牛薄切り肉 … 70g
- 塩・こしょう … 各少々
- A ｜ ピーナッツバター … 大さじ1/2
- 　｜ みりん・砂糖・しょうゆ … 各小さじ1/4
- サラダ油 … 少々
- 竹串 … 2本

作り方
1. 牛薄切り肉は手で形を整えながら細長いかたまりにして、竹串で縫うようにとめて、棒状にする。同様に2本作り、両面に軽く塩、こしょうをして、油を塗ったアルミホイルの上にのせる。
2. 練り合わせたAを①の表面にまんべんなく塗り、トースターで5〜8分火が通るまで焼く。表面が焦げそうだったら、途中で上にアルミホイルをかぶせる。

\point/
鶏ささみを串にさして焼きとり風に焼いてもおいしい。

【みそバター味の場合】
材料
- 牛薄切り肉 … 70g
- A ｜ みそ・みりん・バター … 各小さじ1
- 　｜ 砂糖 … 小さじ1弱
- 　｜ 白すりごま … 小さじ1/2

作り方
1. 牛肉は竹串で縫うようにとめ、形を整える。
2. 混ぜ合わせたAを全面に塗りつけ、アルミホイルにのせて、トースターで約5〜8分、途中裏返して焼く。

1	野菜の肉巻き
2	かぼちゃサラダ
3	ふりかけご飯
4	かまぼことキューブチーズ

巻き巻き弁当（野菜の肉巻き弁当）

中身の野菜を変えたり、味つけや肉の種類を変えればアレンジ自在。
薄切り肉を使えば小さな子どもも食べやすく。

3 ふりかけご飯

2 かぼちゃサラダ

1 野菜の肉巻き

4 かまぼことキューブチーズ

のりきりポイント

* 中に入れる野菜を変えたり、味つけ、肉の種類を変えればアレンジ自在。
* 中の野菜と副菜も一緒にゆでれば時短に。
* 薄切り肉で、中の野菜を少なくして 細く巻けば小さな子でも食べやすい 。
* 中身の野菜は冷凍でもOK。肉と一緒に焼けば冷凍野菜もおいしく食べられる。

1 野菜の肉巻き

材料
豚薄切り肉 … 2〜3枚
いんげん … 2本
にんじん … 5cm分の1/2量
薄力粉 … 適量
A｜しょうゆ・みりん … 各小さじ2
　｜砂糖 … 小さじ2/3
サラダ油 … 小さじ1/2

作り方
1. にんじんは8mm角のスティック状に、いんげんは半分の長さに切って、さっとゆでるか、電子レンジで加熱する。(※)
2. ①をゆでている間に肉を広げ、薄力粉を振る。①を何本か手前にのせて、端からきっちりと巻いていき、とじ目を手でしっかりと押さえる。周りにも薄力粉を振る。
3. フライパンに油を熱し、②を巻き終わりを下にして焼き始め、転がしながら中火で炒める。最後はふたをして弱火で火を中まで通す。
4. 余分な油はペーパータオルでふき取り、混ぜ合わせたAを加えて煮からめる。
5. 半分に切って盛りつける。

🚩ラクラク
※にんじんは、少量を電子レンジで加熱すると燃えるので注意。小さめのフライパンや鍋でさっとゆでた方が失敗なく簡単。
＊味つけ前に余分な油はきちんとふくとおいしく仕上がる。

2 かぼちゃサラダ

材料(1人分)
かぼちゃ … 40g
玉ねぎの薄切り … 5〜10g
マヨネーズ … 小さじ1
塩・こしょう … 各少々
冷凍枝豆 … 3粒

作り方
1. かぼちゃは2cm角程度に切り、やわらかくゆでて、熱いうちにつぶす。
2. 玉ねぎも同じ湯でさっと湯通しし、水にさらして水気をきる。
3. ①をマヨネーズ、塩、こしょうであえて味を調え、冷凍枝豆を飾る。

皮は好みで少し残しても。

肉巻きのいんげんなどをゆでるお湯で一緒にゆでるとラク。

3 ふりかけご飯

茶碗1杯分のご飯をお弁当箱に詰め、ふりかけをハート型に振り、切り抜いたのりで、ハートのふりかけをふちどる。

4 かまぼことキューブチーズ

かまぼこの切り方はP66参照。

巻き方のコツ

▲肉に薄力粉を振る　▲肉の端にのせて、押して貼りつけるようにしっかりと巻いていく　▲手でぎゅっと握って形を整える

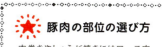

豚肉の部位の選び方

肉巻きやしょうが焼きにはロース肉か肩ロース肉がやわらかくて扱いやすい。もも肉はヘルシーだが、時間がたつとかたくなり食べづらい。ばら肉はコクがあっておいしいうえに、形が細長く使いやすいが、脂質がかなりあるので、使いすぎには注意。同じような肉巻きでも、小さな子には、しゃぶしゃぶ用などのごく薄切りを何枚か重ねた方が食べやすい。

基本の弁当 8

巻き巻き弁当のアレンジ弁当

太巻き寿司

華やかな太巻き寿司のお弁当は
子どもの好きなものを巻いて

1 サラダ太巻き
2 ほうれん草とコーンのソテー
3 ウインナーのお花形
4 フルーツ（オレンジ）

4 フルーツ（オレンジ）
1 サラダ太巻き
3 ウインナーのお花形
2 ほうれん草とコーンのソテー

のりきり ポイント

* 太巻きの具は家にあるものでOK。子どもの好きなものを巻いてあげよう。
* 卵焼きを作って細長く切るのは大変なので、いり卵を作って具にすれば簡単。
* 少量で作る場合は、のりを半分に切って、縦にのりをおき、1/2本分を作って。

1 サラダ太巻き

材料
（作りやすい分量〈詰めるのは半分～2/3程度〉）
- ご飯 … 茶碗1杯分（大盛り）
- 焼きのり … 1枚
- カニカマ … 2～3本
- 卵 … 1個
- きゅうり … 1/3本
- 塩・こしょう … 各少々
- マヨネーズ … 適宜
- 黒ごま … 適宜

💬 中身は、ツナ、ウインナー、レタス、細く切ったとんかつなどなんでもOK。

作り方
1. 卵は塩、こしょうを入れてやわらかめのいり卵にする。
2. きゅうりはスティック状に切る。
3. のりを巻きすかラップの上に広げ、ご飯を1cmの高さくらいに薄く広げる。のりの手前と奥は2cm程度あけておく。上に塩少々を振り、お好みで黒ごまを振る。手前1/3くらいの場所に、カニカマ、いり卵、きゅうりを一列に並べ、マヨネーズを絞る。
4. 手前から奥側にきっちりと巻き込んでいき、巻き終わりを下にしておく。ご飯が完全に冷めてから6等分に切り分ける。包丁をきれいな濡れ布巾でふきながら切るときれいに切れる。

2 ほうれん草とコーンのソテー

材料
- ほうれん草 … 50g（冷凍ほうれん草でもOK）
- コーン … 小さじ1
- バター … 小さじ1/4（少々）
- 塩・こしょう … 各少々

作り方
1. ほうれん草はさっとゆでて、2cm長さに切る。
2. コーン、バターと一緒に炒め、塩、こしょうで味を調える。

3 ウインナーのお花形

皮なしミニウインナーは半分に切り、切り口に6等分に放射状に切り込みを入れる。ほうれん草のソテーのフライパンの横で炒める。

💬 ゆでるおかずがあるときは、一緒にゆでるとラク。

4 フルーツ（オレンジ）

すき間にオレンジ。

巻き方のコツ

▲2cmくらいあけて手前に具をおく（手順❸）

▲具を押さえながら手前から奥側にしっかりと巻いていく（手順❹）

▲最後はしっかりと一回ぎゅっと閉じる（手順❹）

基本の弁当 8 のバリエーション

巻き巻き バリエーション

小さく切れば子どもも食べやすい。お好みのものを巻いて楽しもう！

肉巻き｜アレンジ
[エリンギの豚肉巻き マーマレードソース]

マーマレードの甘酸っぱさがアクセントに

材料
- 豚薄切り肉 … 2~3 枚
- エリンギ … 小1本
- 薄力粉 … 適量
- A｜しょうゆ・マーマレードジャム・酒 … 各小さじ2
- サラダ油 … 小さじ1/2

作り方
1. エリンギは縦半分に切り、太さを4等分にする。
2. 豚肉に薄力粉を振り、❶を半分ずつのせて、端からくるくときっちりと巻いていく。巻き終わりを手でよく押さえて形を整える。周りにも薄力粉をまぶす。
3. サラダ油を熱したフライパンで巻き終わりを下にして焼き始め、転がしながら焼く。ふたをして弱火で火を通す。
4. 余分な油はふき取り、Aを加えて煮からめる。

point
* 盛りつけるときはそのまま、または切って断面を見せてもかわいい。
* 小さい子どもには3等分の一口サイズに切り、ピックにさすと食べやすい。

肉巻き｜アレンジ
[オクラのささみ巻き]

星形のオクラがかわいい

材料（1~2人分 作りやすい分量）
- ささみ … 2本
- オクラ … 2本
- 塩・こしょう … 各少々
- 薄力粉 … 適量
- A｜ケチャップ・酒 … 各大さじ1
- オリーブ油 … 小さじ1

作り方
1. ささみは切り開いて、厚さを半分にする。内側に薄力粉を薄くまぶし、ヘタをとったオクラを手前にのせる。端からきっちりと巻き込み、巻き終わりをしっかりと押さえて、塩、こしょうを軽くする。全体にも薄力粉をまぶす。
2. フライパンにオリーブ油を熱し、❶の巻き終わりを下にして焼き始め、途中何度か転がしながらふたをして火を通す。
3. Aを加えて煮からめる。

肉巻き｜アレンジ
[にんじんチーズ の豚肉巻き]

子どもが大好きなお肉とチーズでにんじんもパクリ

材料
- 豚薄切り肉 … 2~3 枚
- にんじん … 30g
- 薄力粉 … 適量
- 塩・こしょう … 各少々
- スライスチーズ … 2/3 枚
- オリーブ油 … 小さじ1

作り方
1. にんじんは8mmのスティック状に切り、ゆでて軽く火を通す。
2. 薄切り肉を広げ、薄力粉を薄くまぶす。手前に❶とスライスチーズをのせて、端からくるくる巻いていく。巻き終わりをしっかりと手で押さえて形を整え、塩、こしょうを強めにする。全体にも薄力粉をまぶす。
3. フライパンにオリーブ油を熱し、❷の巻き終わりを下にして焼き始め、転がしてふたをしながら火を通す。

point
* にんじんは千切りにして、生のまま包んでもOK。
* 半分に切って断面を見せて盛るときは、冷めてチーズが固まってからにする。中にしそやのりなどを巻き込むのもおすすめ。

| 肉巻き | アレンジ |

［野菜の鶏むね肉巻き］

鶏むね肉が豪華に変身

材料（作りやすい分量）
- 鶏むね肉 … 1枚
- にんじん … 4cm
- さつまいも … 1/4本
- アスパラガス … 1本
- 塩・こしょう … 各少々
- 薄力粉 … 適量
- A｜しょうゆ・みりん・酒・砂糖 … 各大さじ1
- サラダ油 … 小さじ1

作り方
1. 鶏むね肉は切り開いて、厚さを半分にする。野菜は8mm角程度のスティック状に切り、下ゆでする。
2. ①の肉に塩、こしょう、薄力粉を薄く振り、野菜を彩りよく並べる。手前からきっちりと巻き込み、巻き終わりを下にしてしっかりと貼りつける。たこ糸でしばるか、つまようじ2本でとじ目をとめておくとほどけづらい。全体に薄力粉を振る。
3. フライパンに油を熱し、巻き終わりを下にして焼き始め、途中で何度か転がしながら焼き、ふたをしてじっくりと火を通す。
4. 余分な油はふき取り、Aを加えて煮からめる。冷めたらつまようじをはずし、食べやすい大きさに切り分ける。

\point/
家で食べるときは、ラップに包んで電子レンジで蒸し焼きにして、上からソースをかけても作れる。

| 肉巻き | アレンジ |

［ほうれん草の牛肉巻き］

お好みの野菜をくるくる巻いて

材料
- 牛薄切り肉 … 2枚
- 薄力粉 … 適量
- ほうれん草 … 1株
- A｜しょうゆ・みりん・酒 … 各大さじ1/2
  砂糖 … 小さじ1/2
- サラダ油 … 小さじ1/2

作り方
1. ほうれん草はゆでて4cm長さに切る。
2. 牛肉は広げて薄く薄力粉をまぶし、①を手前にのせる。端からくるくるときっちりと巻いていき、巻き終わりを手でしっかりと押さえて形を整える。
3. フライパンにサラダ油を熱し、②を転がしながら焼いて、弱火にしてふたをし、火を通す。
4. 余分な油はふき取り、Aを加えて煮からめる。

\point/
味がからまるので冷凍野菜でも気になりにくい。ほうれん草のほか、小松菜、千切りの「ごぼうにんじんミックス」などのカット野菜、もやしでもOK。

| 巻き巻き | アレンジ |

［ウインナーの中巻き寿司］

子どもが大好きなウインナーを巻き寿司に

材料（作りやすい分量 巻き寿司1本分）
- 焼きのり … 1枚
- ご飯 … 茶碗1杯分(大盛り)
- 粗びきウインナー(太) … 2本
- スライスチーズ(あればチェダー) … 1枚
- サラダ菜 … 2枚
- マヨネーズ・ケチャップ … 適量
- 塩 … 少々

作り方
1. 焼きのりは巻きすの上に広げ、ご飯をまんべんなく広げ、塩少々を振る。手前と奥側は約2cm程度残しておく。
2. ①の手前1/3の位置に、サラダ菜、半分に折って並べたチーズ、お好みでマヨネーズ、ケチャップ、ウインナーの順におく。
3. 端からしっかりと巻き込み、巻き終わりを下にしてしばらくおく。
4. 濡れ布巾で包丁をふきながら、6等分に切る。

\point/
* のりを半分に切って、半量で作ってもOK。
* ウインナーのほか、冷凍かつを細切りにしたものやささみのフライなどを巻いても。
* 粗びきウインナーなどコクのあるものを使うとおいしい。

| 巻き巻き | アレンジ |

［細巻き寿司］

（にんじん、きゅうり、たくあん）

具をいろいろ用意すると華やかなお弁当に！

材料（作りやすい分量 約3本分）
- 焼きのり … 1・1/2枚
- ご飯 … 茶碗1・1/2杯分
- きゅうり … 適量
- たくあん … 適量
- ゆでたにんじん … 適量
- 塩 … 少々

作り方
1. 焼きのりは全形の半分の大きさにする。中に入れる具は、それぞれ8mm角程度のスティック状に切る。
2. 巻きすに①ののりを1枚のせ、ご飯を薄く敷き、塩少々を振る。手前と奥は少しあけておく。きゅうりを並べて、端からしっかりと巻き、巻き終わりを下にしておく。同じように、にんじん、たくあんも巻く。
3. しばらくおいて冷めてから切り分ける。

\point/
細巻き用のシリコン製グッズを使うと簡単。少量作りたいときは、1本の細巻きで3種の具を入れてもOK。切ったところによって具が変わる。

忙しい朝でもすぐできる！簡単デコ

抜き型を使って、ぱっと明るいお弁当に。
デコグッズがなくても、ペティナイフ1本でできる簡単デコもあります。

うさぎかまぼこ
1. 赤い部分の扇状に沿って、半分ぐらいまで切れ目を入れる。
2. カットした部分の中央に切れ目を入れる。
3. 切れた部分を折り込むようにして耳にする。

手綱かまぼこ
1. 赤い部分の扇状に沿って、1cm程度を切り落とさずに残して、切れ目を入れる。
2. カットした部分の中央に1本切れ目を入れる(1cm程度、端を切り落とさず残す)。
3. 赤い部分の端を切れ目に入れて手綱を作り、本体に戻す。

ハム・チーズの飾り切り
家にある抜き型を使って、ハムやスライスチーズをお好みの形に！

野菜の飾り切り
にんじんやパプリカを抜き型で。
パプリカは生のまま抜いて、1、2分さっとゆでればOK！
にんじんは輪切りにしてからやわらかくゆで、型で抜くと簡単。

ウインナーの飾り切り
イラストの赤線部分をペティナイフでカットしてから、お湯で2、3分ゆでるときれいに形が浮かび上がります。

花形ウインナー
ウインナーを半分程度にカットしてから、断面部分に1cmほどの深さの切り込みを入れる。
ゆでた後、グリンピースやコーンなどを飾る。

おさかなウインナー
うろこ部分はストローで浅く切り込みを入れ、しっぽ部分は赤線部分をカット。えらの部分は浅く切り込みを入れる。
ゆでた後、のりで目をあしらう。

カニさんウインナー
足の部分は水平にカット。
目やお腹部分は浅く切り込みを入れる。

タコさんウインナー
ウインナーの端から縦方向に、半分ぐらいの深さまで切り込みを入れる。ゆでた後、のりで目をあしらう。

これは便利！
ウインナーカッター
タコさんウインナーや花形ウインナーの切り込みを入れられる。市販のカッターを使ってもOK！
ウインナーカッターを買うならシンプルなものが使いやすくておすすめ。

簡単でおいしい！
超のりきり弁当

忙しいときでも楽しくお弁当を作って「のりきる」ためのアイディア満載。
子どもも実はこんなお気軽なお弁当も大好き。

★「超のりきり弁当」には以下の表示をしています。

 メインのおかずがフライパン1つでできるお弁当。
＊副菜は別鍋やレンジで加熱している場合もあります。

 ご飯がなくてもできるお弁当。

 家にある食材で融通がきくお弁当。

 メインのおかずで野菜もとれるお弁当。

 市販品や冷凍食品など
ストックしておける食材を使ったお弁当。

超のりきり♪

おにぎりを「オープンサンド」感覚で普段のおにぎりをかわいく演出！

軍艦おにぎり弁当

お好み食材で

【おにぎり】

材料(4個分)
ご飯 … 茶碗1杯分（多め）
《おにぎりの具》
焼きたらこ … 小さじ1
刻み高菜漬け … 小さじ1
ツナ（缶詰）… 小さじ2
マヨネーズ … 小さじ1/2
黒ごま・塩・こしょう … 各少々
鮭フレーク … 小さじ1・1/2
冷凍枝豆 … 3粒
昆布の佃煮 … 小さじ1
たくあん … うす切り1枚
焼きのり … 適量

> お好みの具でトライしよう。

のりきり ポイント

* 家にある具材を彩りよくのせるだけでかわいらしいおにぎりに。
* カニカマママヨ、梅＆おかか、刻みハムマヨなど、具はなんでもOK。

作り方
1. ご飯は4等分にしてラップで丸め、塩をまぶし、ご飯より少し高めになるようにのりを巻く。
2. 焼きたらこと高菜、マヨネーズであえて、塩、こしょうで味を調えたツナと黒ごま、鮭フレークに枝豆、昆布と型で抜いたたくあんをのせる。

> のりを高くすると具が落ちにくい。

> たくあんを星の型で抜いて昆布にのせると鮮やかに。

> 家にある具材なら何でもOK。彩りよくすれば華やかに。

軍艦おにぎりを お弁当箱に詰めるときのポイント

あらかじめお弁当箱のサイズに合わせてご飯をにぎるとぴったり詰められる。ふたに少し余裕があるお弁当箱だとおにぎりの具がふたにくっつかずGOOD。

四角いお弁当箱の場合は、まん中に向かって軍艦おにぎりを斜めに詰めると、中で動かない上に、子どもも取りやすい。

【かぶときゅうりのゆかりあえ】

レシピはP105参照。

> 一口サイズの漬け物は、ピックをつけて！

おにぎりの具材アレンジ

いろいろな具で表情を変えるおにぎり。
変化をもたせると、いつもと違うお弁当に。

カニマヨ カニカマ×マヨネーズ
お好みでしょうゆや塩を加えて。定番のツナマヨでもOK。

おかか梅 かつおぶし×しょうゆ×梅干し
おかかマヨネーズにしてもおいしい。

天むす風 から揚げおにぎり から揚げ×葉もの
から揚げが余ったら、おにぎりの具にしても。

焼きおにぎり しょうゆ×みりん
しょうゆとみりんをおにぎりにつけて焼くだけ。

カリカリ梅の 混ぜごはんおにぎり かりかり梅×白ごま
ピンク色のご飯に子どもも大喜び。

冷凍フライ 冷凍フライ×ソース
冷凍コロッケにソースをかけて。
白身魚のフライやメンチカツなどでも。

ちりめんじゃこ、しそ、ごまのおにぎり ちりめんじゃこ×しそ×ごま
しその香りが食欲をそそる。

肉巻きおにぎり 牛薄切り肉×焼き肉のタレ
牛薄切り肉をご飯に巻いて、フライパンで焼き、味をつける。
作り方は、P57参照。

おにぎりの形アレンジ

いつもと違うおにぎりの形にチャレンジしてみると、子どもも大喜び！
市販の型やのり、おにぎりラップを活用すると便利。

手まりのおにぎり
細長く切ったのりを放射状に巻いたおにぎり。まん中は、のりたまふりかけ。

くまのおにぎり
くまの型で抜いたおにぎり。表情はのりパンチで。ほっぺはケチャップ。

お猿さんのおにぎり
おかかの頭がかわいいおにぎり。のりパンチで抜いた目鼻口を、チーズの上にのせる。小さくご飯をにぎった耳は、ラップでぎゅっと押すか、ゆでていない細いスパゲッティで固定。

ネコのおにぎり
手でハート形のようににぎったおにぎり。ぶち模様は、すりごまで。パプリカのリボンは、卵焼きやハムで作ってもOK。

女の子のおにぎり
女の子のおさげは、小さなはさみで丁寧に切って作る。星はパプリカ、ほっぺはでんぶ。

お団子くしのおにぎり
色とりどりのふりかけを使った三色団子。くしにマスキングテープを貼るとかわいさUP！

ハートのおにぎり
手でハート形にごはんをにぎる。ハート型で抜いたハムをのりの上においてはさみでのりをハート形にそって切る。

うさぎのおにぎり
うさぎの型で抜いたおにぎり。耳はハム、ほっぺはケチャップ。

ラップの上に顔を描いたおにぎり
大変なときは、おにぎりを巻いたラップの上に油性ペンで顔を描いても。

手軽で失敗知らずの市販のグッズ 購入しておくと時間がないときのお助けグッズに！

サッカーのり
巻くだけで、サッカーボールのおにぎりが作れる優れもの。

サッカー好きの男の子にはたまらない！

おにぎりラップ
おにぎりを丸ごと包み込むおにぎりラップ。動物の顔になるものも。

いつもと違うおにぎりに子どもも大喜び！

ご飯に具を混ぜるだけのラクラク弁当♪

混ぜごはん弁当

お好み食材で

【混ぜごはん】

材料
- ご飯 … 茶碗 1 杯分
- 小松菜 … 1/2〜1 株
- たらこ … 小 1/2 はら
- 黒ごま … 小さじ 1/3

> 焼いてほぐした鮭、刻み高菜や野沢菜などでも。品数が少なくても彩りを。

作り方
1. たらこはアルミホイルにのせてトースターで両面焼き、火を通す。粗熱が取れたらほぐす。
2. 小松菜は沸とうした湯でゆでて水にさらし、水気をよく絞る。1cm幅に切る。葉の部分はさらに細かく切る。
3. ❶、❷、黒ごまをご飯に混ぜてお弁当箱に詰める。

> たらこは少し残しておいて上に飾る。

【にんじん入り卵焼き】

材料（作りやすい分量）
- A
  - 卵 … 2 個
  - にんじん（千切り）… 20g
  - 酒・砂糖 … 各小さじ1
  - しょうゆ … 小さじ 1/2
  - 塩 … 1 つまみ
- サラダ油 … 小さじ 1/2

作り方
1. Aをすべて混ぜ合わせる。
2. 卵焼きフライパンにサラダ油を熱し、一気に❶を流し入れて大きく混ぜ、固まってきたら弱火で表面が半熟になるまで焼く。奥から折りたたんで形を整え、弱火で火を通す。
3. 6等分に切って、さらに斜め切りにして適量を詰める。

> 卵焼きは、斜めに切ってかわいく旗のピックを立てても。

《すき間》

さくらんぼの缶詰 … 適宜

ラクラク さくらんぼの缶詰は便利なすき間食材。

のりきり ポイント

* ご飯に具を混ぜるだけ。
* 卵焼きに野菜を入れれば、栄養満点。

アレンジ

混ぜごはんのバリエーションはいろいろ！
家にある具材や常備菜をご飯に混ぜるだけで、簡単混ぜごはんのでき上がり！

▲ ザーサイ、いり卵、焼き豚混ぜごはん

▲ ひじき煮混ぜごはん

▲ しそ、いったさくらえび、ごまの混ぜごはん

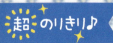

好みの具材をパンにはさむだけで
ラクラクサンドのでき上がり!

サンドイッチ弁当

ご飯いらず　お好み食材で

【サンドイッチ】

材料
サンドイッチ用パン（または10枚切り）… 2~4枚（食べる量に応じて）
《サンドイッチの具》
ハム・チーズ … 各1枚
うずらの卵（水煮）… 4個
サラダ菜 … 2枚
トマト … 1/3個
バター・マヨネーズ … 適量
塩・こしょう … 各少々
いちごジャム … 小さじ2

作り方
1. ハムチーズ：パン1枚の片面にバター、もう1枚にマヨネーズを塗り2枚1組にする。うずらの卵はフォークでつぶし、マヨネーズ、塩、こしょうであえる。サラダ菜、ハム、チーズ、スライスしたトマト、うずらの卵ペーストをはさみラップに包む。
2. ジャム：パン1枚の片面にバター、もう1枚にジャムを塗る。ラップで包む。
3. ❶、❷ともできれば冷蔵庫でしばらく寝かせてなじませ、食べやすい大きさに切る。

> 冷蔵庫で寝かせるとしっとりする。

【フルーツ】
オレンジ、キウイ … 適量

のりきりポイント

＊家にある具材をパンにはさむだけ。
＊いろいろなバリエーションのサンドが作れて便利。
＊うずらの卵の水煮を使って卵サンドもラクラク！

ラクラク
＊すき間ができてしまったら、キャンディチーズやパセリなどで埋める。
＊サンドイッチはぎっちり詰めると崩れにくい。

《すき間》
キャンディチーズ … 適宜
パセリ … 適宜

サンドイッチを詰めるときのひと工夫

お菓子の缶やちょうどいい大きさのバスケットがあったら、とっておいてサンドイッチを詰めるときに使うとかわいい。

折りたためるお弁当箱は食べ終わったら小さくなるので便利。内側にワックスペーパーやラップなどを敷くとサンドイッチが乾きにくい。

ワックスペーパーがあると、一層華やかに。色や柄などさまざまなものがあるのでお好みで。

小さな子の場合は、食べやすいようにサンドイッチを1個ずつラップに包んだり、透明の袋に入れても。

サンドイッチアレンジ

パンもいろいろなら具もいろいろ。
お好みのパンと具を組み合わせて、楽しもう!

ベーグルサンド
ベーグルにクリームチーズとブルーベリージャム

クロワッサンサンド
クロワッサンにスクランブルエッグ、カリカリベーコン、レタス

型抜き食パン
食パンにチョコレートクリーム
黒パンにバター
にんじんパンにいちごジャム

オープンピザ
イングリッシュ・マフィンを半分に割って、ピザソース、チーズ、ウインナー、ピーマン

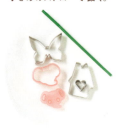

型で食パンを抜くと子どもも大喜び! 小さな模様は、小さめのストローで抜く。

ハンバーガー風サンド
バンズにハンバーグ、レタス、トマト、チーズ、ケチャップ
（作り方はP26参照）

焼きそばパン
ドッグ型パンに焼きそば、レタス、マヨネーズ

ロールパンサンドイッチ
ロールパンにから揚げ、卵、きゅうり、ミニトマト
（作り方はP19参照）

ポケットサンド
ピタパンにドライカレー、レタス、チーズ

キャンディ型ロールサンド
食パンにレタスとポテトサラダ

切ってピックにさしてもかわいい！

【ホットケーキサンド】

材料
ホットケーキミックス … 70g
牛乳 … 1/4 カップ強
卵 … 1/3 個
サラダ油 … ごく少々
目玉焼き … 1 個
ハム・チーズ … 各1枚
レタス … 1 枚
マヨネーズ・ケチャップ … 適量
バター … 適量

作り方
1. 卵と牛乳をボウルに混ぜ、ホットケーキミックスを加えて混ぜる。
2. 薄くサラダ油を塗ったフライパンを熱し、一度ふきんなどに底をあてて冷ます。弱火にして、大さじ2程の1を高い位置から落として10cmくらいのホットケーキを作る。ふたをして、表面にプツプツと穴が開いてきたら、裏面を確認し、きつね色になっていればひっくり返す。ふたをして火を通す。同様にもう一枚焼く。
3. 2が温かいうちにラップにのせて、船の形のように形を作っておき、そのまま冷ます(冷ましている間に具を用意する)。
4. お好みであらかじめバターを塗った3に、半分にちぎったレタス、目玉焼き、ハム、チーズをはさむ。マヨネーズ、ケチャップを絞る。

のりきりポイント

＊パンやご飯がなくても大丈夫。
＊ホットケーキミックスでラクラク調理。
＊ふんわりした甘めの食感がどんな具にも合う。

焼き上がったホットケーキは、まだあたたかいうちに半分に折ってラップで包んでおくと、形が固定する。

ホットケーキ生地が余ったら、焼いてからラップに包み冷凍しておけば、おやつや朝食に食べられる。

ラクラク
ホットケーキはピックでさしておくとバラバラにならない。

【フルーツ】
りんご … 適量

《すき間》
カップゼリー

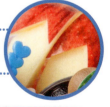

うさぎのりんごでかわいさアップ。りんごは塩水にくぐらせると変色を防げる。

アレンジ

ホットケーキは、形を変えて焼けばアレンジ自在。小さく焼いて、どら焼きのように2枚で具材をはさんだり、厚く焼いて間に切り込みを入れてピタパンのようにしたり、いろいろな形が楽しめる。

▲ 小さく焼いたホットケーキの間にレーズンとクリームチーズをはさんでどら焼き風に

▲ 厚く焼いたホットケーキの間にチーズ、トマト、レタスとマヨネーズをはさんでピタパン風に

 子どもも大好き。
ケチャップ味の簡単スパ弁！

ナポリタン弁当

ご飯いらず　具に野菜も

【ナポリタン】

材料
- スパゲッティ … 70g
- 玉ねぎ … 1/16個
- 皮なしミニウインナー … 3本
- ピーマン … 1/6 個
- A
  - ケチャップ … 大さじ1
  - ウスターソース … 小さじ1
  - コンソメ・塩 … 各少々
- ケチャップ … 適量
- オリーブ油 … 小さじ1
- 《ゆで野菜》
- ブロッコリー … 小 1~2 房
- のりまたは黒ごま … 適宜

> ゆでたかぼちゃ、いんげん、オクラなどを添えても。

作り方
1. スパゲッティは手で半分の長さに折る。お湯を沸かし、塩（分量外）を加えて表示時間どおり麺をゆでてザルにあげる。すぐに少量のオリーブ油（分量外）をかけて混ぜる。
2. ❶の同じお湯でブロッコリーも約2~3分ゆでてザルにあげる。
3. 玉ねぎはスライス、ウインナー1本は5mm幅に切り、残りの2本は飾り切りにする。ピーマンは千切りにする。
4. フライパンにオリーブ油を熱し、❸を炒め、A、❶を加えてさっと炒め合わせる。
5. 器に盛りつけ、ケチャップを適量絞り、飾り切りしたウインナーを上にのせる。
6. ブロッコリー、うずらの卵を飾る。うずらの卵にのりパンチで抜いた目、または黒ごまで目をつける。

> 味をすってしまうので、最後に上にもケチャップを絞る。

ウインナーをカニさんに（作り方は P66 参照）。

【ゆで鶏とキャベツのごまサラダ】

材料
- ゆで鶏（作り方は P107 参照）… 30g
- キャベツ … 1枚（40g）
- ごまドレッシング … 大さじ1

> ドレッシングはお好みで。マヨネーズ＆しょうゆでもOK！

作り方
1. ゆで鶏はスライスし、8mm幅に切る。
2. キャベツは千切りにしてラップにふんわりと包み、電子レンジで約20秒加熱する。
3. ❶、❷に市販のごまドレッシングをあえる。

のりきり ポイント

＊スパゲッティをゆでて、具材と炒めるだけ。

＊スパゲッティをゆでるお湯で、ブロッコリーも一緒にゆでれば一石二鳥！

スパゲッティの盛りつけポイント

麺は、ゆでる前に長さを半分に折ると子どもも食べやすいし、お弁当箱にも詰めやすい。ゆで上がった麺に、すぐオリーブ油を少量からめるとくっつきにくい。さらに、盛りつけるときは、麺を少しずつ束にして盛ると固まらない。

スパゲッティはゆでる前に半分に折る。

ゆで上がったスパゲッティはすぐオリーブ油をからめる。

《すき間》
- うずらの卵（水煮）… 1/2 個
- 焼きのり … 適宜

うずらに、のりパンチで抜いた目と口を加え、リボンのピックをさすとかわいさUP！

超のりきり♪ レーズンを加えてうまみUP！切る手間省いた簡単カレー。

スピードカレー弁当

フライパン1つで調理
具に野菜も

のりきりポイント
* 固形のカレールーを使って、ぱぱっと味付け。
* 火の通りやすいひき肉や細切り肉を使って、煮込み時間を短縮。
* ミックスベジタブルやレーズンを加えれば、野菜を切る手間なしでおいしさUP！

【スピードカレー弁当】

材料
ご飯 … 茶碗1杯分
豚ひき肉または豚こま切れ肉 … 40g
玉ねぎ … 1/6個
ミックスベジタブル（冷凍）… 1/3カップ
レーズン … 小さじ2
A｜水 … 2/3〜1カップ
　｜ウスターソース … 小さじ2
固形カレールー（市販）… 1かけ（約20g）
サラダ油 … 小さじ1/2

作り方
① 玉ねぎはみじん切りにする。豚こま切れ肉の場合は、小さく切る。
② 小さめのフライパンにサラダ油を熱して玉ねぎと豚肉を炒める。玉ねぎが透き通ったらAを加えて一度沸とうさせる。ミックスベジタブルとレーズン、ルーを加えて溶かしながら弱火で煮る。程よいとろみがついたら火を止める（水加減は鍋によって蒸発量が違うので調整する）。

【オレンジジュースピクルス】
カレーのつけ合わせには、さっぱりしたオレンジジュースピクルスを。作り方はP105参照。

【フルーツ】
パイナップルをすき間に。小さめの密閉容器に別盛りにしてもかわいさUP！

★ カレーのトッピングアイデア
粗みじん切りのゆで卵・シュレッドチーズ・コロッケ（冷凍）など、お好みの食材を添えると、カレーのバリエーションが広がる♪

超のりきり♪ 暑い季節に、食欲をそそる さっぱり麺弁当♪

冷たい麺の弁当

- ご飯いらず
- お好み食材で
- 具に野菜も

のりきりポイント
＊麺、豚肉、卵をゆでるだけ。
＊野菜は切って盛りつけるだけ。
＊つゆは、市販のつゆでラクラク！

ラクラク

つゆは小さなペットボトルに入れてもOK。

材料（1人分）
- 中華麺…1玉
- 豚肉（しゃぶしゃぶ用）…2枚（約50g）
- ゆで卵…1/2個
- きゅうり…1/4本
- ミニトマト または トマト…2切
- つけ麺のつゆ または ラーメンつゆ（市販）…1人分

> 豚の代わりに、蒸し鶏、ひき肉そぼろでも。

> ゆで卵の代わりに錦糸卵や卵焼きでも。

作り方
1. 中華麺は表示時間どおりゆでてザルにあげ、水にさらす。お弁当箱に、少しずつブロックを作って詰める。
2. 豚肉は沸とうしたお湯でゆでて冷水にとり、水気をよく切ってから食べやすい大きさに切る。
3. 食べやすい大きさに切った❷、ゆで卵、きゅうり、ミニトマトをのせる。
4. 別容器にラーメンつゆをやや濃いめに希釈して入れるか、漬け麺のタレをそのまま入れる。食べるときはつけ麺風、またはぶっかけ麺風に。

> ゆでるお湯に、酒やしょうがを入れると臭みが抜けてさらにおいしい。

★ 麺のアレンジ
中華麺の他に、うどんやそば、そうめんでもおいしい。麺を半分に折ってからゆでると、子どもも食べやすい。麺をお弁当箱に詰めるときは、スパゲッティを巻くように少しずつブロックを作ると、だまにならない。

超のりきり♪

子どもが大好きな焼きそばは
お弁当に入れても大喜び。
ミートボールをのせれば手軽にかわいく。

焼きそば弁当

- フライパン1つで調理
- 具に野菜も
- ストック食材で

のりきりポイント

* 焼きそばだってお弁当OK。
* 市販のミートボールで、手軽にかわいく。
* 麺は半分に切り、しっかりと油を使って炒めると、ほぐれやすい。

【焼きそば】

材料
- 焼きそば … 1人分
- 焼きそばソース（添付）
- キャベツ … 1枚
- ピーマン … 1/3個
- にんじん … 1cm
- サラダ油 … 小さじ1/2
- ミートボール（市販）… 3～4個

作り方
1. キャベツは2cm角に切る。ピーマン、にんじんは太めの千切りにする。
2. フライパンに油を熱し、❶を炒め、ほぐれやすいよう半分に切った麺、水50mlを加えてほぐしながら炒める。水分がとんで全体に火が通ったら添付のソースを加えて炒め合わせる。お弁当箱に適量盛りつける。麺が固まらないように一口ずつ盛りつけるのがコツ。
3. ミートボールとミニトマト、あればパセリを飾る。

【フルーツポンチ】

材料
- 好みのフルーツ缶 … 1/3カップ分

作り方
1. フルーツは食べやすいように1.5cm角に切る。
2. あればレモン汁少々と缶のシロップ小さじ1を加えて混ぜる。

《すき間》
- ミニトマト（赤・黄）… それぞれ1個
- パセリ … 適宜

ミートボールを上に飾り、ピックをさせばかわいさUP！火が通りやすい薄切り肉、冷凍そぼろ、ウインナーでもOK！

ラクラク

フルーツポンチは、汁もれのしない容器に。シロップはしっとりする程度で入れすぎに注意。グラニュー糖をかけたり、オレンジや白ぶどうジュースを入れても。

フライパンで炒めて、詰めるだけ！

レタス炒飯弁当

のりきりポイント
* レタスはちぎって入れるだけ。野菜を切る手間なし。
* 豚ひき肉で火の通りを早く。

材料
温かいご飯 … 茶碗1杯分（多め）
レタス … 1枚
豚ひき肉 … 40g
卵 … 1個
A｜しょうゆ … 小さじ1
　｜塩・こしょう … 各少々
サラダ油 … 小さじ1
ハム（飾り用）

作り方
1. レタスは洗ってちぎる。
2. フライパンに油を熱し、溶いた卵を炒めて取り出す。一旦取り出すことで、卵をフワフワに保てる。
3. フライパンに豚ひき肉を炒め、肉の色が変わったらご飯を加えて炒め合わせる。レタス、❷、Aも加えて強火で炒め、味を調える。
4. お弁当箱に盛り、冷めたら型で抜いたハムとピックでさしたミニトマトを飾る。市販の煮豆もピックでさす。

スプーンとフォークの型で抜いたハムの上に、お花の型で抜いたチーズを飾る。

《すき間》
ミニトマト・煮豆 … 適宜

ピック1つでミニトマトもサクランボに早変わり。市販の煮豆もピックにさすとかわいい。豆がつぶれないように尖ったピックで。
※小さい子どもには尖ったピックにご注意ください。

炒飯の上にウインナーをのせるだけ。
ちょっぴりエスニックなお弁当に！

ジャンバラヤ弁当

具に野菜も

のりきりポイント
* いつもの炒飯も味つけを変えれば脱マンネリ。
* ウインナーとパプリカはトースターで焼くだけ。
* 真空パックのコーンでラクチン！

材料
- 温かいご飯 … 茶碗1杯分（多め）
- 粗びきウインナー … 2・1/2本
- 玉ねぎみじん切り … 大さじ1・1/2
- ピーマン（緑）… 1/4個
- パプリカ（赤）… 1/6個
- A
  - ガラムマサラ … 小さじ1/4
  - ケチャップ … 大さじ1
  - コンソメ（顆粒）・塩 … 各少々
  - あればパプリカパウダー … 小さじ1/4
- オリーブ油 … 小さじ1
- 《すき間》
- 真空パックのコーン … 適量
- リーフレタス … 適宜

作り方
1. 飾り用ウインナー2本は切り込みを入れ、残りは刻む。パプリカも飾り用にいくつか星型で抜いて、残りは刻む。ピーマン、玉ねぎはみじん切りにする。
2. ①の飾り用のウインナーとパプリカはアルミホイルの上にのせてトースターで5〜8分程度加熱する。
3. フライパンにオリーブ油を熱し、飾り用の②以外の①を炒め、Aを加えて軽く炒め合わせる。ご飯を加えてよく炒め、味を調える。
4. お弁当箱に盛りつけ、②をのせる。

パプリカを星型に抜くと、苦手な子でも食べられるかも。にんじんやグリーンピースで代用してもOK。炒めるときにセロリをちょっと加えるとより本格的な味に。

 ラクラク

真空パックのコーンは、切って入れるだけなので便利。色味が足りないときにおすすめ。

辛いのが苦手な子や小さな子には、ガラムマサラの代わりにカレー粉少々を。辛味がないクミン、コリアンダーパウダーで代用しても。パプリカパウダーがあると、色鮮やかに。

麻婆豆腐丼弁当

超のりきり♪ 市販の麻婆豆腐の素を使って簡単麻婆丼！

- フライパン1つで調理
- ストック食材で

のりきりポイント

＊市販の麻婆豆腐の素を使って。
＊豆腐の代わりに厚揚げを使うと下ゆでしなくても型崩れなし。
＊サラダは、ハムときゅうりを切るだけ。

【麻婆豆腐】

材料
- ご飯…茶碗1杯分
- 麻婆豆腐の素（1人分＝1回分の約1/3量）
- 厚揚げ…100g
- 冷凍枝豆…3さや
- 焼きのり…適宜

《すき間》
- ミニトマト…1個

冷凍枝豆の代わりに、ゆでたブロッコリー、グリーンピースでもOK！

作り方
1. 麻婆豆腐の素は商品の表示どおりに水を加えて中火で沸とうさせる。
2. 厚揚げは1.5cm角に切り❶に入れて煮立て、表示どおりとろみをつける。お弁当箱に入れて、解凍後さやから出した枝豆を散らす。
3. ご飯を盛り、細く切った焼きのりをご飯に飾る。

【きゅうりとハムのサラダ】

材料
- きゅうり…1/3本
- ハム…1枚
- マヨネーズ・塩…少々

作り方
きゅうりとハムは太めの千切りにし、塩、マヨネーズであえて味を調える。

細く切ったのりをご飯に飾ると、よりかわいい♪

サラダの上に、型で抜いたチーズをのせてかわいさUP！

超のりきり♪ むきえびが主役！コロンとした見た目もかわいい！

えびマヨ丼弁当

のりきりポイント
＊冷凍えびを使って下処理の手間なし。
＊シンプルな調味料で味つけ簡単。
＊のせるだけで盛りつけいらず！

材料
- ご飯 … 茶碗1杯分
- むきえび（大／冷凍）… 5～6尾
- 長ねぎ … 3cm
- しょうがのすりおろし … 小さじ1/3
- 塩・こしょう … 各少々
- 片栗粉 … 小さじ1
- 酒 … 大さじ1
- A
  - ケチャップ … 小さじ1
  - マヨネーズ … 小さじ2
  - しょうゆ … 小さじ1/2
- ごま油 … 小さじ1
- 黒ごま（飾り用）… 少々

《すき間》
- ゆでたブロッコリー … 3房
- 煮豆（市販）… 適量
- ハム … 適量（切り方はP41の卵の花形切りを参考に）

作り方
① むきえびは背中に切り込みを入れ、あればワタを抜く。水気をよくふき、塩、こしょう、片栗粉をまぶす。長ねぎは粗みじん切りにする。
② フライパンにごま油を熱し、①、しょうがを炒める。両面に焦げ目がついたら酒を加え、ふたをしてえびに火を通す。混ぜ合わせたAを加え、さっと煮からめる。
③ ご飯の上に②をのせる。上に黒ごまを振って飾る。

ラクラク しょうがは、市販のチューブを使えばすりおろす手間いらず！

ハムを飾り切りしてすき間を埋めれば、見た目も華やか！煮豆はピックを使えば、食べやすさアップ。

ご飯にのりとかつおぶしをはさんで、その上にえびマヨをのせてのり弁風にしても！

シーフードミックスで中華丼弁当

のりきりポイント
* 冷凍シーフードミックスを使って手軽に！
* のせるだけで盛りつけの手間いらず！

- フライパン1つで調理
- ストック食材で
- 具に野菜も

材料
- ご飯 … 茶碗1杯分
- シーフードミックス（冷凍）… 50g
- 小松菜（またはチンゲン菜）… 1束
- にんじん … 15g（約1cm分）
- A
  - 水 … 1/2カップ
  - 鶏がらスープの素 … 小さじ1/4
  - オイスターソース・しょうゆ・砂糖 … 各小さじ1弱
- 酒 … 小さじ2
- 片栗粉 … 大さじ1/2（水大さじ1で溶く）
- ごま油 … 小さじ1/2

《すき間》
- 卵焼き（作り方はP40参照）
- カニカマ、フリルレタス … 適宜

作り方
① 小松菜は2cmの長さに切る。にんじんは千切りにする。
② フライパンにごま油を熱し、シーフードミックス、にんじんを炒める。酒を加え、全体に火が通ったら小松菜を入れてさっと炒める。
③ Aを加えて煮立て、一度火を止めてから、少しずつ水溶き片栗粉を加えてとろみをつける。程よい濃度まで弱火で煮詰める。少量なので、あっという間にとろみがつくので注意。

カニカマを切ってピックをさすと、彩りに。

ラクラク
冷凍のシーフードミックスはいざというときのお助け食材。いか、えび、あさりなど、お好みの具材が入ったものを選んで。

親子丼弁当

超のりきり♪

小さなフライパンで作って、ご飯にのせるだけ

のりきりポイント
* 麺つゆを使って味つけ簡単。
* 丼ものだから詰めるのもラクラク!

フライパン1つで調理

【親子丼】

材料
- ご飯 … 茶碗1杯分
- 鶏肉(もも、またはむね) … 40g
- 玉ねぎ … 小1/8個
- 卵 … 1個
- 麺つゆ … 大さじ4(2倍濃縮の場合は大さじ2＋水大さじ2)
- 砂糖 … 小さじ1
- 冷凍グリーンピース … 適量
- 桜大根漬け … 適宜
- 《フルーツ》いちご … 5個

麺つゆによって濃さが違うため、味が薄いようであればしょうゆと砂糖を足す。ちょっと濃いめぐらいがおいしい。

作り方
1. 鶏肉は皮を除き、1cm角程度の大きさに切る。玉ねぎは半分にして薄切りにする。
2. 小さなフライパンに麺つゆと砂糖を入れて、❶を入れて煮立てる。弱火〜中火で7割程火を通したら、静かに溶き卵をまわし入れ、ふたをして卵に火が通るまで加熱する。途中冷凍グリーンピースを散らす。
3. ご飯をお弁当箱に盛り、❷を崩さないようにフライパンをずらしながらスプーンですくって入れる。桜大根漬けを飾る。

【ほうれん草のごまあえ】

作り方はP101参照

ラクラク

面倒なときは、冷凍ほうれん草や市販のごまあえの素などを使っても。

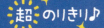
超のりきり♪　ハムとチーズさえあれば、メインおかずが完成！

ハムかつ弁当

ストック食材で

のりきりポイント

＊冷蔵庫にあるものでメインのおかずを。
＊一品でボリューム満点。
＊卵なしでパン粉をつける。

【ハムかつ】
材料
ハム（厚め）…2枚
スライスチーズ…1枚
薄力粉…約大さじ2
水…約大さじ1～1・1/2
パン粉…適量
揚げ油…適量
ソース…適量

作り方
① ハムにスライスチーズをのせ、ハムからチーズが出ないようチーズを折りたたむ。もう1枚のハムをのせ、ハムのふちに薄力粉をつけて、2枚をしっかり貼りつけるように手で押さえる。
② ①の全体に薄力粉をつけ、残りの薄力粉に水を加えてのり状に練ってつける。パン粉をまぶして手で端からチーズが溶け出ないようにしっかりつける。
③ 180度の油で、表面に色がつくまでカリッと揚げる。中身がふくらみ、チーズが出ることがあるので油はねに注意。切り分けるときは冷めてから切り、ソースを添える。

【オクラのおかかあえ】
作り方はP101参照

《すき間》
ミニトマト（赤・黄）…それぞれ1個
サラダ菜…適宜

【ふりかけおにぎり】
ふりかけおにぎりを2個作り、焼きのり、チーズを飾る。

つまようじでとめてもいいが、盛りつけるときにははずす。

薄力粉をのり状にせず、卵にくぐらせてもOK。

かわいいソースボトルにソースを詰めれば、子どもも大喜び♪

ハムの間に、刻んだゆで卵＆マヨネーズを入れると、ボリュームUP！

かき揚げ丼弁当

超♪のりきり♪ 残り野菜と少量のお肉を使って、ボリュームたっぷりで栄養満点!

お好み食材で / 具に野菜も

のりきりポイント
＊肉も一緒に揚げて、ボリューム満点。
＊かき揚げで残った卵を、薄焼き卵にも利用!
＊具材は家にあるものなんでもOK!

材料
ご飯…茶碗1杯分
さつまいも…輪切り8mm分
小松菜…小1/2株
豚薄切り肉…1枚(30g)
A ┌ 薄力粉…大さじ2
　├ 卵…大さじ1/2
　├ 水…大さじ1
　└ 塩…少々
B ┌ 麺つゆ(2倍濃縮)…大さじ2
　└ 砂糖…小さじ1/2
桜でんぶ…適宜
揚げ油…適量
《すき間》
薄焼き卵の花形切り…作り方はP41参照
ミニトマト…2個
パセリ…適宜

作り方
1. 小松菜は1cmに切り、豚肉、さつまいもも同じくらいの大きさに切る。さつまいもは水にさらしてアクを除き、水気をよく切る。
2. Aを軽く混ぜ合わせ、❶を入れて軽く混ぜる(ホットケーキの生地の濃度程度になるよう、小麦粉と水の量で調節する)。
3. 170度に油を熱し、❷をスプーンですくって落として形を箸で整えながら揚げる。両面をひっくり返しながら揚げて焦げないように気をつける。
4. 混ぜ合わせたBに❸を両面浸してから、ご飯の上にのせ、残ったつゆもご飯にしみるように適量かける。あれば桜でんぶなどで飾りをする。

＊麺つゆは希釈せずそのまま使う。

かき揚げで残った卵で薄焼き卵を作り、トマトをくるんで花形を作るとかわいらしさUP!

ラクラク
かき揚げの具は、桜えび、ベーコン、ささみなどが火の通りがよく、おすすめ。野菜は、オクラ、枝豆、コーンなどでもおいしい。

超のりきり♪ 焼き鳥風にアレンジ！野菜を蒸し焼きにして簡単調理。

鶏の照り焼き丼弁当

フライパン1つで調理

のりきりポイント
* 照り焼きも串にさして見た目UP!
* 肉を焼くフライパンの片側を使って、野菜はホイルで蒸し焼きにするだけ！

材料
ご飯 … 茶碗1杯分
鶏もも肉 … 70g
にんじん … 1cm分
いんげん … 2本
かぼちゃ … 20g
A［ しょうゆ … 大さじ1
　　みりん … 大さじ1
　　砂糖 … 小さじ1 ］
薄力粉 … 適量
サラダ油 … 小さじ1/2
スライスチーズ … 1/3枚
竹串 … 2本
《フルーツ》
ぶどう … 1/4房

作り方
① 鶏肉は余分な皮と脂を取り除き、一口大に切る。2本の串に形を整えながらさし、薄力粉をまぶす。
② にんじん、かぼちゃは火が通りやすいように5mm程度の薄切りにする。にんじんは型で抜く。いんげんは半分に切る。
③ ②をアルミホイルに包み、水小さじ2をかけてふんわりと包み、フライパンの片側にのせる。
④ フライパンにサラダ油を熱し、①を両面強火で焼き、ふたをして弱火で火を通す。余分な油をふき取り、鶏肉にAを加えて煮からめる。ホイルに包んだ野菜は竹串が通るまで加熱する。
⑤ ご飯をお弁当箱に盛り、④を彩りよく並べ、残ったタレも少しかける。冷めたら型で抜いたチーズを飾る。

にんじんやスライスチーズは、お好みの型で抜いてかわいさUP! 市販の串は、マスキングテープを巻くとオリジナルの串にアレンジできる。

ラクラク

やや大きめのフライパンを使い、片側に串焼き、片側に野菜をホイルに包んだものをおいて火にかければ、ラクラク調理できる。野菜は別にゆでてもOK。

お買い得食材のささみを使って、ふんわりおいしい味つけに!

ささみのケチャマヨピカタ丼弁当

フライパン1つで調理　具に野菜も

のりきりポイント

* 切るのがラクなささみを使用。
* ピカタに使った卵の残りでスクランブルエッグ。
* 丼風にご飯の上に温野菜を添えればOK!
* 野菜も一緒に炒めて 栄養バランスもGOOD。

材料
ご飯 … 茶碗1杯分
ささみ … 大1本
アスパラガス … 1本
卵 … 1個
塩・こしょう・薄力粉 … 各少々
ケチャップ … 小さじ2
マヨネーズ … 適量
サラダ油 … 小さじ1/2
ゆでたにんじん・のり … 適宜
《フルーツ》
グレープフルーツ
　…1/8に切って皮を半分むく

作り方
① ささみは火が早く通るようにそぎ切りにし、塩、こしょう、薄力粉、溶き卵を順にまぶす。アスパラガスは、根元の皮をむいて斜めに薄切りにする。
② フライパンに油を熱し、①のささみを両面強火で焼く。アスパラガスも加え、弱火にしてふたをし、火を通す。
③ (スクランブルエッグを作る) ①で残った溶き卵に、塩、こしょうを軽く振り、②のフライパンの片側で混ぜるように炒める。
④ ②のささみにケチャップを加えて手早く混ぜ合わせる。
⑤ ご飯に②をのせ、上からマヨネーズを絞る。③を詰め、型で抜いたにんじんを添える。

ゆでたにんじんは、抜き型を使うだけで、子どももニコニコ! 写真は、魚型を使い、目にはカットしたのりをデコ。

ラクラク
アスパラガスの代わりに、キャベツ、ズッキーニも相性よくおすすめ。

 超のりきり♪ 市販のソースを使えば子どもの好きなグラタンが簡単に!

マカロニグラタン弁当

のりきりポイント
* 市販のホワイトソースと牛乳を混ぜるだけで、ソースのでき上がり!
* 冷蔵庫の残り野菜を具材にすれば、副菜がなくてもOK!

ご飯いらず

材料
- マカロニ … 35g
- ホワイトソース(缶詰) … 100g
- 牛乳 … 大さじ3弱
- 塩・こしょう … 各少々
- ミニウインナー … 3個
- ブロッコリー … 小2房
- にんじん … 2cm
- 溶けるチーズ … 大さじ2
- パン粉 … 小さじ1
- コーン … 大さじ1
- 《フルーツ》
- いちご … 3粒

作り方
1. アルミホイルをお弁当箱に敷いて形を作り、一度はずして型を作る。
2. 塩を入れた湯でマカロニを表示時間どおりゆでてザルにあげる。同じ湯でブロッコリー、薄切りにしたにんじんをゆでる。にんじんは型で抜く。
3. マカロニをゆでて湯を捨てた鍋にマカロニを戻し入れ、ホワイトソース、牛乳、半分に切ったウインナーを入れて混ぜて煮立て、塩、こしょうで味を調える。
4. ❸を❶の型に入れて、上にコーン、チーズ、パン粉の順にのせる。
5. トースターで約5分焦げ目がつくまで焼き、冷めたらお弁当箱に戻し、ブロッコリーとにんじんを飾る。

 にんじんは花型で抜き、ストローで穴を開けるとかわいいお花に。ゆで野菜にもかわいいピックをさせば、子どもも大喜び!

 ラクラク

 小分けのホワイトソース(左)を使うと、使い切りできて便利。グラタンソース(右)があれば、味つけ簡単。マカロニのほか、ご飯を加えてドリアにしてもおいしい。

★ ウインナーやコーンの代わりに家にあるものなんでもOK。冷めるとかたくなるので、ホワイトソースは具に対して多めに入れて。

 市販のスープの素と野菜を入れれば、忙しい朝でもすぐできる！

シチュー弁当

お好み食材で　具に野菜も　ストック食材で

のりきりポイント
* 顆粒のポタージュスープの素を使うだけ！
* 野菜とウインナーは電子レンジで加熱するだけでOK！
* おにぎりでもパンでも、どちらでもおいしい！

【シチュー】

材料
顆粒ポタージュスープの素…1袋
キャベツ…1/2枚
ウインナー…1~2本

作り方
① キャベツを太めの千切りにする。斜め切りにしたウインナーと一緒にラップにふんわり包む。電子レンジで約30秒~1分間加熱する。
② スープジャーなどの耐熱カップに、顆粒ポタージュスープの素を入れ、表示どおりの量の熱湯を加えて溶かす。①も入れてよく混ぜる。

【おにぎり2個】
少し多めの茶碗1杯分のご飯を半分にして、鮭、昆布、たらこなどお好みの具を入れておにぎりにする。

スープジャー（P121参照）に入れれば、お昼どきまでほかほか！ カップを添えて持たせてあげると、さらに食べやすく。

ラクラク
キャベツとウインナーは一緒に加熱して時間短縮！ その他、にんじん、コーン、いもなんでも。「顆粒のコンソメ＋春雨＋ハム＋乾燥ワカメ」を使って即席春雨スープにするのもおすすめ。

あると便利！
副菜 & 常備菜

お弁当作りで意外と困るのが副菜。
手軽に作れる副菜があると、お弁当作りもぐんとラクに。
時間のあるときは常備菜を作っておくのもおすすめ。

副菜 いも系

ポテトサラダ
加熱した玉ねぎで甘みをプラス！

材料（作りやすい分量）
- じゃがいも … 1個
- にんじん … 1cm分
- きゅうり … 1/6本
- 玉ねぎ … 1/10個
- ハム … 1/2枚
- マヨネーズ … 大さじ1
- 塩・こしょう … 各少々
- レモン汁 … 小さじ1/4

※ゆでるときは皮をむかず、まるごとひたひたの水から。

作り方
1. じゃがいもは洗ってラップにふんわりと包み、電子レンジで3〜4分加熱し、温かいうちに皮をむいてつぶす。
2. にんじんはいちょう切り、玉ねぎはスライスしてラップに包み、電子レンジで20〜30秒加熱して火を通す。きゅうりは2mmの輪切りにして、塩少々でもみ、水気を絞る。ハムは食べやすい大きさに切る。
3. ❶、❷をマヨネーズと塩、こしょう、レモン汁であえて味を調える。

※にんじんはスティック状に切ってゆでてからいちょう切り、玉ねぎはさっと熱湯に通しても。

\point/
* じゃがいもは、途中上下を返して加熱する。加熱しすぎるとかたくなるので注意。
* 砂糖少々を隠し味に入れてもおいしい。
* コーン、ツナ、アスパラガスなどでもOK。
* コロッケにしたり、ハムで巻いたり、茶巾で包んだりしても。
* 型で抜いたハムやチーズで飾りをつけるとさらにかわいさUP！

かぼちゃと豆のラップ茶巾
ラップを使った簡単茶巾

材料
- かぼちゃ … 30g（4cm角を約1個）
- 煮豆（市販品）… 5〜6粒
- 塩 … 少々

※皮の一部を飾りにしても！

作り方
1. かぼちゃはやわらかくゆでて皮を除きつぶし、塩少々を混ぜる。
2. 煮豆を混ぜてラップにのせて茶巾のようにラップを絞って形を整える。

\point/
* まわりにアーモンドを飾ってひまわりの形にしたり、かぼちゃの形に整えたり、ひよこの形にしたりなど、形でアレンジしても楽しい。
* さつまいもをつぶし、温かいうちに砂糖、バター少々を加えてスイートポテト風にしてもおいしい！

さつまいものスイートサラダ
さつまいもとレーズンの絶妙なコンビネーション・サラダ！

材料
- さつまいも … 50g
- レーズン … 小さじ1
- マヨネーズ … 小さじ1〜2
- 塩 … 少々

作り方
1. さつまいもは1.5cm角程度に切り、皮つきのままやわらかくゆでる。
2. 皮は半分くらい残して、粒が残る程度につぶす。レーズン、マヨネーズ、塩を加えて味を調える。

\point/
* さつまいもは少量を電子レンジで加熱するとかたくなりやすいので、できれば水からゆでる。
* レーズンの代わりにナッツなどを加えてもおいしい。
* じゃがいもとさつまいもを半量ずつにしてもおいしい。

| 副菜 | サラダ系 |

春雨サラダ
春雨と残り野菜を、中華ドレッシングであえるだけ！

材料
- 春雨（乾燥）… 10g
- ハム … 1/2枚
- きゅうり … 斜め薄切り2枚
- にんじん … 10g
- 白ごま … 1つまみ
- 中華ドレッシング … 適量

作り方
1. 春雨は熱湯で約4～5分ゆでて水にさらし、よく絞ってから、食べやすい長さ（3等分程度）に切る。
2. ハム、きゅうり、にんじんは千切りにする。にんじんは春雨をゆでるお湯でさっとゆでる。
3. 白ごまを加え、中華ドレッシングであえる。

\point/
- 忙しいときは、にんじんを省いてもOK。
- コーン、カニカマなどを入れても。
- 春雨はしっかりと水気を絞ると水っぽくならない。
- 中華ドレッシングの代わりに、ごま油、しょうゆ、酢、砂糖、塩などであえてもOK。

きゅうりとミックスビーンズのサラダ
きゅうりを切って、あとはあえるだけの即席サラダ！

材料
- きゅうり … 1/4本
- ミックスビーンズ … 大さじ1
- コーン … 小さじ1
- マヨネーズ … 小さじ1
- 塩・こしょう … 各少々

作り方
1. きゅうりは1cm角に切る。
2. 材料すべてをあえて、マヨネーズと塩、こしょうで味を調える。

\point/
- マヨネーズの代わりにお好みのドレッシングでもOK。
- ゆでたにんじん、さつまいもなどを小さな角切りにして入れると、具だくさんサラダに。
- コロコロした形状なので、お弁当箱に入れる時はカップなどに入れて詰めると食べやすい。

ひじきとツナのサラダ
ひじきとツナの意外な組み合わせがクセになる！

材料
- ひじきの水煮 … 大さじ2（20g）
- ツナ（缶詰）… 大さじ1
- にんじん … 10g
- A
  - お好みのドレッシング（市販）… 大さじ1/2
  - しょうゆ … 小さじ1/3
- パセリ … 少々

作り方
1. にんじんは千切りにして、ラップにふんわりと包む。電子レンジで10秒程さっと加熱する。
2. ❶、ひじきの水煮、ツナを合わせて、Aを加えてよくあえ、パセリを散らす。

\point/
- ドレッシングは、イタリアン、和風、ごまなどお好みのもので。しょうゆ、酢、サラダ油各少々とマヨネーズでもおいしい。
- パセリの代わりにゆでたスナップえんどう、さやえんどうの千切りを加えても、色鮮やかな見た目に。
- ひじきの水煮の代わりに、芽ひじきを水でもどしてゆで、水気を切って使ってもOK。

副菜 パスタ系

マカロニサラダ
子どもに大人気！
定番のマカロニサラダ

材料
マカロニ … 20g
ハム … 1/2 枚
きゅうり … 1/8 本
玉ねぎのスライス … 少々
A | マヨネーズ … 大さじ 1/2
　| 牛乳 … 小さじ 1/3
　| 塩・こしょう … 各少々
オリーブ油 … 少々

作り方
❶ マカロニは塩を入れた湯で表示時間どおりゆで、ザルにあげたら少量のオリーブ油をまぶして冷ます（オリーブ油をまぶすとくっつかない）。
❷ ハム、きゅうりは千切りにする。きゅうりは軽く塩をして水分を絞るか、さっとマカロニと同じ湯にくぐらせる。玉ねぎはマカロニをゆでた湯でさっと湯どおしする。
❸ ❶、❷をAであえて味を調える。

\point/
＊具は、にんじん、コーン、ツナでも。
＊マカロニは早ゆでタイプを使うとスピードUP。多めにゆでてオイルを軽くまぶし、小分けにして冷凍しておくと便利。

スパゲッティサラダ
一品で栄養満点！
ボリュームたっぷりサラダ

材料
サラダ用スパゲッティ … 20g
ブロッコリー … 小1～2房
ウインナー … 1/2 個
ミニトマト … 1～2個
イタリアンドレッシング … 小さじ2
塩・こしょう … 各適量
オリーブ油 … 少々

作り方
❶ サラダ用スパゲッティは、塩を入れた熱湯で表示時間どおりゆで、ザルにあげて水で冷やす。水気をよく切ってオリーブ油少々をまぶしておく。
❷ ブロッコリーは小さめの房に分け❶の湯で時間差でゆであげる（約1～2分）。同じ鍋でウインナーもゆでて5mm幅に切る。ミニトマトは4等分に切る。
❸ ❶、❷をドレッシングであえ、塩、こしょうで味を調える。

\point/
＊具材は、コーン、玉ねぎのみじん切り、きゅうり、ハム、アスパラガスでもOK。
＊イタリアンドレッシングのほか、和風ドレッシングやマヨネーズでもおいしい！

フジッリのバジルペーストあえ
市販のペーストを使って
本格イタリアンのお弁当に！

材料
フジッリ（ショートパスタ）… 20g
ジェノベーゼソース（市販）… 約小さじ1
パルメザンチーズ … 少々

作り方
❶ フジッリは、塩（分量外）を入れた熱湯で表示時間どおりゆで、ザルにあげる（ジェノベーゼソースに油が多く入っているので、パスタに油をからませなくてもいい）。
❷ ❶をジェノベーゼソースであえる。お好みで、パルメザンチーズを振る。

\point/
＊ジェノベーゼソースは商品によって違いがあるので、味を見ながら量の調整を。
＊ショートパスタはまとめてゆでて冷凍OK！解凍して朝に味つけすればラクラク。

副菜　みどり野菜系

ほうれん草のごまあえ
香ばしいごまの風味が食欲をそそる！

材料
ほうれん草 … 40g（2株程度）
A ┃ 麺つゆ（2倍濃縮）… 小さじ1/3
　┃ 砂糖 … 1つまみ
　┃ すりごま … 小さじ1/2

作り方
❶ ほうれん草は沸とうした湯で30秒程度さっとゆでて水にさらし、水気をしっかりと絞り、3cm幅に切る。
❷ Aであえる。

point
＊麺つゆは希釈せずに使う。
＊麺つゆの代わりにしょうゆ小さじ1/3と和風顆粒だし少々でもOK。
＊麺つゆとすりごまだけでもおいしい。
＊ほうれん草はゆですぎに注意。
＊冷凍ほうれん草を使うときは、解凍後しっかりと水気を絞ってから使う。

中華ナムルあえ
ごま油をからめた中華風サラダ

材料（作りやすい分量）
豆もやし … 30g
チンゲン菜 … 2～3枚（30g）
（冷凍ほうれん草でもOK）
にんじん … 10g
カニカマ … 1/2本
A ┃ ごま油 … 小さじ1/4
　┃ 塩・こしょう … 各少々
　┃ 鶏がらスープの素 … 少々
　┃ しょうゆ … 少々

作り方
❶ にんじんは千切りにする。
❷ 同じ鍋で順番に、チンゲン菜、にんじん、豆もやしをゆでる。チンゲン菜は水にさらして絞り、3cmの長さに切る。
❸ ほぐしたカニカマと❷をAであえて味を調える。

豆もやしのゆで時間は約5分。

point
＊ナムルはこのほか、千切りにんじん、ほうれん草などもおいしい。
＊ビビンバの具にしても。
＊豆もやしの代わりに普通のもやしにすると時間短縮。
＊P53の焼き肉アレンジの「ビビンバ風」のように、野菜を混ぜずに別々にあえても彩りがきれい。

オクラのおかかあえ
さっとゆであえれば、シンプルな一品のでき上がり！

材料
オクラ … 2～3本
A ┃ かつおぶし … 2つまみ
　┃ しょうゆ … 小さじ1/4

作り方
❶ オクラは、沸とうした湯で1分程度さっとゆでて水にとり、水気を切る。斜めに2～3等分に切る。
❷ ❶をAでよくあえる。

point
＊オクラはゆですぎに注意。ゆで時間は太さにもよるが、30秒～2分程度を目安に。

副菜　ラクラク野菜系

キャベツのコールスローサラダ
粉チーズで味に深みを出して！

材料
- キャベツ … 1枚
- にんじん … 10g
- きゅうり … 斜め薄切り2枚
- ハム … 1/2枚
- コーン … 小さじ1
- A
  - マヨネーズ … 小さじ1
  - レモン汁 … 小さじ1/4
  - あれば粉チーズ … 小さじ1/2
  - 塩・こしょう … 各少々
  - サラダ油 … 小さじ1/4

作り方
1. キャベツとにんじんは千切りにして、ラップにふんわりと包む。電子レンジで約20〜30秒加熱する。
2. きゅうりとハムを千切りにし、❶、コーンと一緒にAであえて味を調える。

point
- ＊マヨネーズと塩・こしょうだけでもおいしい！
- ＊具はあるものでOK。
- ＊味つけはイタリアン・ドレッシングとマヨネーズなどでも。

ベーコンきのこのソテー
バターしょうゆ味が後を引く

材料
- しめじ・エリンギ … 合わせて30g
- ベーコン … 1/2枚
- バター … 小さじ1/3
- 塩・こしょう・しょうゆ … 各少々

作り方
1. しめじは石づきを除いてほぐす。エリンギは縦半分の長さに切り、食べやすいよう4〜6等分にする。ベーコンは1cm幅に切る。
2. フライパンにバターを熱し、バターが溶け出してきたところで❶を加えて中火で炒める。途中水が多く出るようであれば、水を捨てる。きのこが色づいてきたら、塩、こしょう、しょうゆで味を調える。

point
- ＊きのこは1種類でもOK。

玉ねぎのピカタ
ピカタにすると玉ねぎのおいしさ再発見！

材料
- 玉ねぎ … 1/4〜1/6個
- 塩・こしょう・薄力粉・溶き卵 … 適量
- オリーブ油 … 小さじ1
- ケチャップ … 適宜
- つまようじ … 数本

作り方
1. 玉ねぎは8mm程度の輪切りにし、半分にして、ばらばらにならないようつまようじでとめる。
2. ❶に、塩、こしょう、薄力粉、溶き卵の順につける。
3. フライパンにオリーブ油を熱し、❷を焦がさないようふたをしながらじっくりと火を通す。お好みでケチャップを添える。

point
- ＊まわりにベーコンを巻くとボリュームUP。

| 副菜 | 巻き巻き系 |

オクラのりチーズ巻き
見た目のかわいさに
思わず手がのびる！

材料
オクラ … 1本
スライスチーズ … 1枚
焼きのり … 適量
ピック … 数本

作り方
1. オクラはゆでてヘタを落とす。
2. 焼きのりをスライスチーズと同じ幅＋3cm程度長めのサイズに切る。上に、スライスチーズ、❶をのせ、端からくるくると巻き、巻き終わりをしっかりと押さえる。包丁で4等分に切ってピックでさす。

\point/
＊オクラはさっとゆでるだけ。少しかためがおいしい。

キャベツのハムロール
やわらかいキャベツとハムの
食べやすいロール！

材料
キャベツ（葉のやわらかいところ）… 1枚
ハム … 1~2枚
お好みでマヨネーズ … 少々
ピック … 数本

作り方
1. キャベツはさっとゆでてハムと同じ幅に形を整えて切り、水分をよくふき取る。
2. ❶の上にお好みでマヨネーズ、ハムをのせ、端からすき間ができないようくるくる巻いていく。巻き終わりをしっかりと貼りつけて、食べやすい大きさに切り、ピックでとめる。

\point/
＊ハムは薄切りなどのやわらかいものの方が巻きやすい。

ほうれん草の卵巻き
ほうれん草嫌いの子どもも
パクパク食べる、かわいい卵巻き！

材料
ゆでたほうれん草 … 1束
薄焼卵 … 1/2枚

作り方
1. ほうれん草はしっかりと水気を絞り、薄焼き卵の幅に合わせて長さを切り、筒状になるように形を整える。
2. ラップの上に薄焼き卵の長い方を縦にしておき、❶のほうれん草を手前にのせる。端からしっかりとすき間なく巻く。食べやすい大きさに切る。

\point/
＊薄焼き卵の作り方はP40参照。
＊しょうゆなどでほうれん草に下味をつけてもおいしい。

| 常備菜 | 定番煮物系 |

切り干し大根の煮物
ご飯がすすむ、定番の一品！

材料（作りやすい分量）
切り干し大根 … 30g
にんじん … 3cm
油揚げ … 1/3枚
A | だし汁 … 1・1/2カップ
　| 酒・みりん … 各大さじ1
　| しょうゆ … 大さじ1・1/2
　| 砂糖 … 大さじ1～1・1/2
サラダ油 … 小さじ1

作り方
❶ 切り干し大根は水で約10分戻してしぼり、3～4等分の食べやすい長さに切る。にんじんは3cmの長さの千切り、油揚げは油抜きして2cmの長さの千切りにする。
❷ 鍋に油を熱し、❶を炒め、油が全体にまわったらAを加えてふたをする。やわらかくなるまで約20分、煮汁がなくなるまで弱火で煮る。

\point/
＊水からあげるときに切り干し大根はよく絞る。
＊だし汁は市販のパックでとったものでも。

ひじきの煮物
昔ながらのお母さんの味に、彩りを添えておいしさアップ！

材料（作りやすい分量）
乾燥ひじき … 15g
にんじん … 1/4本
油揚げ … 1/2枚
冷凍枝豆 … 6さや分
A | だし汁 … 2/3～1カップ
　| しょうゆ … 大さじ2弱
　| 砂糖 … 大さじ2弱
　| みりん … 大さじ1
サラダ油 … 大さじ1/2

作り方
❶ ひじきは10～15分（芽ひじきの場合）水でもどして水気を切る。にんじん、油揚げは3cmの長さの千切りにする。
❷ 鍋にサラダ油を熱し、❶を炒めて全体に油がまわったらAを加える。一度沸とうさせてから弱火にして、ふたをして全体に味がなじむまで煮る。途中煮汁がなくならないよう火加減に注意し、水分が減りすぎてしまったら水かだし汁を足す。最後は煮汁が少し残る程度で火を止める。
❸ 仕上げに、解凍してさやから出した冷凍枝豆を散らす。

\point/
＊地味な彩りになりがちなひじきも、緑色の野菜を加えると、食欲そそる鮮やかさに！
＊ご飯に混ぜてひじきご飯にしても。
＊冷めてもおいしい！

きんぴらごぼう
ごぼうとにんじんのシャキシャキ感がたまらない！

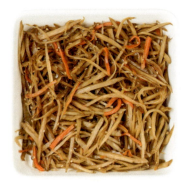

材料（作りやすい分量）
ごぼう … 1本（約100g）
にんじん … 20g
A | しょうゆ … 大さじ1
　| 砂糖 … 大さじ1・1/3
白いりごま … 小さじ1/3
サラダ油 … 大さじ1/2

作り方
❶ ごぼうは千切りにして水にさらし、水気をよく切る。にんじんも千切りにする。
❷ フライパンにサラダ油を熱し、❶を中火で炒め、油が全体にまわったらAを加えて中火で煮からめる。全体にしんなりして味がなじんだらごまを加えて火を止める。

\point/
＊ごぼうはできるだけ細い千切りにすると食べやすい。一旦薄い斜め切りにしてから千切りにすると手早くできる。
＊小分けにして冷凍しておくと便利。
＊真空パックの「ごぼうにんじんミックス」として切ってあるものや、冷凍で千切りにされたものを使うとラクラク！
＊フッ素樹脂加工のフライパンで作ると、失敗が少ない。

常備菜 | **漬け物系**

キャベツとにんじんの塩昆布漬け
塩昆布を使った
ラクラク漬け物！

材料（作りやすい分量）
キャベツ … 3~4枚
にんじん … 40g
塩昆布 … 4つまみ（10g）
塩・砂糖 … 各少々
酢 … 小さじ1/2

作り方
❶ キャベツとにんじんは千切りにして、ビニール袋に入れる。
❷ 塩少々を加えて袋の上からよくもみ、塩昆布、酢、砂糖も加えてよくもむ。
❸ 水気を切って詰める。

\point/
＊前日の夜に作って冷蔵庫に入れておくとさらに味がなじむ。
＊お弁当箱に詰めるときは、水気をよく絞ってから入れる。

オレンジジュースピクルス
オレンジジュースの甘さとさっぱり感で、
子どもでも食べやすい味に！

材料（作りやすい分量）
パプリカ（赤・黄）… 各1/4個
にんじん … 4cm
きゅうり … 1/2本
ベイリーフ … 1枚
A｜酢 … 大さじ1
　｜オリーブ油 … 大さじ1
　｜オレンジジュース（果汁100%）… 大さじ2
　｜砂糖 … 大さじ1/2
　｜塩 … 小さじ2/3

作り方
❶ パプリカは縦の長さを半分に切り、3mm幅に切る。にんじんは厚さ4mm程度のスティック状に切る。きゅうりは長さを半分にし、さらに2~4等分のスティック状に切り、塩の一部をまぶして軽くもんでおく。
❷ 耐熱容器にA、ベイリーフ、❶のパプリカ、にんじんを入れて混ぜ合わせ、ふんわりとラップをして電子レンジで約50秒~1分30秒加熱する。
❸ ❶のきゅうりを加えて混ぜ、そのまま冷まして粗熱が取れたら冷蔵庫でしっかりと冷やして味をしみ込ませる。

途中一回取り出して混ぜると均一に火が通りやすい。

\point/
＊野菜はこのほか、れんこん、セロリ、エリンギなどでも
＊朝作ったときは、冷ましてそのまま詰めてもOK。
＊大人用には粒マスタードを小さじ1ほど加えるとおいしさUP！
＊野菜の量によっても味が変わるので、塩と砂糖の量は調節を。

かぶときゅうりのゆかりあえ
ゆかりとかぶの
絶妙なマッチング！

材料（作りやすい分量）
かぶ … 2個
きゅうり … 2本
ゆかり … 小さじ1

作り方
❶ かぶは厚めに皮をむいて8mm厚程度のいちょう切りにする。きゅうりは小さめの乱切りにする。
❷ ❶を耐熱容器に入れて、ふんわりとラップし、電子レンジで約40~60秒加熱する。ゆかりをあえて、よくもんでなじませ、冷蔵庫で冷やす。

\point/
＊電子レンジで軽く加熱するとより早く味がなじむ。
＊ビニール袋に入れてもみ込み、電子レンジの代わりに冷蔵庫でなじませてもOK。

| 常備菜 | 煮物系

じゃがいものそぼろ煮

常備野菜のじゃがいもを使って、手軽においしい一品を！

材料（作りやすい分量）
- じゃがいも … 3～4個
- 玉ねぎ … 1/2個
- 鶏ひき肉（むね肉）… 50g
- グリーンピース（冷凍、缶詰など）… 大さじ1
- A
  - だし汁 … 2/3カップ
  - しょうゆ … 大さじ1・1/2
  - 砂糖 … 大さじ1・1/2
  - 酒 … 大さじ1
  - みりん … 大さじ1
- サラダ油 … 小さじ1

作り方
1. じゃがいもは4～8等分に切り、一度水にさらして水気を切る。玉ねぎは1cm厚のくし切りにする。
2. 鍋に油を熱して❶を炒め、全体に油がまわったら鶏ひき肉、Aを加えて一度煮立て、アクを取ってからふたをして弱火で煮る。
3. 野菜がやわらかくなるまで約15～20分煮て、最後はふたを取って煮汁を少し飛ばすように軽く煮からめ、火を止める。あれば冷凍グリーンピースなどを加えると彩りがきれい。

\point/
- ＊煮汁が材料にひたらないようであれば、だし汁を足して調整する。
- ＊グリーンピースの代わりにさやえんどうでも。
- ＊じゃがいもは冷凍すると水分が抜けておいしくないので避ける。

にんじんと大根の甘煮

にんじんと大根の甘みで箸がすすむ！

材料（作りやすい分量）
- にんじん … 1本
- 大根 … 約10cm（300g）
- A
  - だし汁 … 1カップ
  - 塩 … 小さじ1/3～1/2
  - 酒 … 大さじ1
  - 砂糖 … 大さじ1・1/2
  - しょうゆ … 小さじ1

作り方
1. 大根は1cm厚に切り、2～4等分する。にんじんは8mm厚に切り、一部を型などで抜く。
2. 鍋にA、❶を並べ、一度沸とうさせてから弱火にして、ふたをしてやわらかくなるまで煮る。

\point/
- ＊煮汁が全体にひたらないようであればだし汁を足し、味を見て調味料を足す。
- ＊仕上げにさやえんどうなどの青物を加えると彩りがさらにアップ。
- ＊保存は煮汁につけた状態でする。
- ＊冷凍は避ける。

こんにゃくのいり煮

お弁当にぴったりの母の味！

材料（作りやすい分量）
- こんにゃく … 1枚（220～250g）
- A
  - だし汁 … 1/4カップ
  - しょうゆ … 大さじ1弱
  - 砂糖 … 小さじ1/2
- かつおぶし … 大さじ1
- サラダ油 … 小さじ1/2

作り方
1. こんにゃくはスプーンなどで一口サイズにちぎる。
2. フライパンまたは鍋にサラダ油を熱して❶を炒め、油が全体にまわったところでAを加えて中火で煮からめる。煮汁がほとんどなくなったらかつおぶしを加えてさっと混ぜる。

\point/
- ＊こんにゃくは、冷凍するとスカスカになるので冷凍は避ける。
- ＊大人が食べるときは、器に盛ってから七味唐辛子を振りかけても。

| 常備菜 | 肉系 |

ゆで鶏
作っておくと応用が利く便利な一品

材料（作りやすい分量）
鶏むね肉 … 1枚
A
- しょうがのスライス … 2枚
- ねぎの青い部分 … 1本分
- 酒 … 大さじ1

作り方
1. 鶏むね肉は余分な脂は除く。
2. 鍋に鶏むね肉がかぶる程度の水、A、❶を加えて中火の火にかけ、一度沸とうしたら火を弱めてふたをして約10分間加熱する。火を止めて、そのまま冷ます。

> ぐらぐらと泡が出ない程度のごく弱火で火を通す。

\point/
* 手でさいたり、薄く切ってバンバンジーや中華サラダ、洋風のあえものに。また、グラタンの具、スパゲッティ、麺の具などにも。薄く切って衣をつけて揚げてもOK。
* 保存するときは、ねぎとしょうがを除いて、ゆで汁につけたまま保存する。

塩そぼろ
あっさりした塩味のそぼろは、いろいろな場面で重宝

材料（作りやすい分量）
鶏ひき肉 … 300g
酒 … 大さじ3
しょうがのすりおろし … 小さじ1
塩・こしょう … 各少々

作り方
1. フライパン（または鍋）に、材料を全て加えて菜箸でよく混ぜてぽろぽろにしてから、火をつける。肉が完全に色が変わるまで菜箸でかき混ぜながらよく炒める。
2. 塩、こしょうで薄く味をつける。

\point/
* 塩味のそぼろベースは、豚ひき肉、合いびき肉などでもおいしい。
* しょうゆと砂糖で味をつけて、そぼろごはんにしても。
* 春雨サラダ、麺などの具やコロッケ、チャーハンの具、豆腐や野菜のそぼろあんかけ、そぼろ煮にしてもおいしい。
* 小分けにして冷凍しておいても。

牛肉のしぐれ煮
アクセントのしょうがが効いた、ご飯がすすむ一品！

材料（作りやすい分量）
牛薄切り肉 … 200g
しょうが … 親指の先1個分程度
A
- 酒 … 大さじ3
- しょうゆ … 大さじ2
- 砂糖 … 大さじ1・1/2~2
- みりん … 大さじ1

作り方
1. しょうがは皮つきのまま千切りにする。肉は食べやすいよう小さめに切る。
2. 鍋にお湯を沸かし、❶の肉を入れて色が変わる程度にさっとゆでてザルにあげて煮こぼす。
3. 鍋に❷の肉、A、しょうがの千切りを加えて、中火で煮て煮汁が1/3程度になるまで煮からめて味をなじませる。

\point/
* ささがきにしたごぼうなどを加えてもおいしい。
* 牛肉は切り落とし肉などでもOK。
* 肉を沸とうしたお湯で一度煮こぼすのがコツ。臭みが取れてさっぱりと仕上がる。
* 大人用には、仕上げに七味唐辛子などを加えても。
* 冷凍もOK。

3 うずらの卵とミニトマトのピック
2 骨つきから揚げ
5 フルーツ
4 ポテトサラダ
1 動物おにぎり

ちょっとがんばり弁当①
遠足
特別な日にウキウキ気分になれる
ピクニック弁当!

1 動物おにぎり(パンダ形)
2 骨つきから揚げ(リボンつき)
3 うずらの卵とミニトマトのピック
4 ポテトサラダ
5 フルーツ(キウイ、パイナップル)

ちょっとがんばりポイント

* いつものから揚げを骨つき肉で豪華に。卵と薄力粉をプラスして味もグレードアップ（運動会などにもおすすめ。その場合はすべて骨つきではなく、半分を普通のもも肉にするとバランスがいい）。
* ご飯をパンダの形にしてかわいく。
* すき間おかずは、レモン、キャンディーチーズ、ウインナーなどでも。
* おにぎりの中身は鮭フレークや昆布、ツナマヨなどお好みで。中身を入れないときは、おにぎりの裏側にふりかけを振って。

1 動物おにぎり（パンダ形）

材料（2個分）
ご飯 … 茶碗1杯
塩 … 少々
お好みの具（鮭など）… 適量
デコ用に
　焼きのり
　かまぼこのピンクの部分
　ケチャップ
　チーズ

作り方
❶ ご飯は半分にして、中に具を入れてパンダ型や動物の型で形作る。型がない場合は、ラップでにぎって形を作ってもOK。塩をまぶす。
❷ ご飯が冷めてから、のりパンチやはさみで切った目や鼻、耳をつける。ケチャップでほっぺをつけ、かまぼこを型抜きして花飾りを作り、チーズをストローで抜いて白い目の部分を作って貼りつける。

2 骨つきから揚げ

「手羽先をチューリップにしてください」とお肉屋さんにお願いすれば、簡単にこのような形にしてくれる。

材料
手羽先 … 2~3本（チューリップ形に下処理する）
A　しょうゆ・卵 … 各大さじ1
　　酒 … 小さじ1
　　しょうがのすりおろし … 小さじ1/2
薄力粉・片栗粉 … 各適量
揚げ油 … 適量
お好みでレモンなど

作り方
ビニール袋に入れてもOK。
❶ 手羽先にAを加えて手でよくもみ込む。前日に卵以外の材料をもみ込んで冷蔵庫に入れておいてもOK。
❷ 薄力粉と片栗粉を半量ずつ混ぜ、❶を揚げる直前にたっぷりとつけながら、肉を手でにぎるようにして形を整える。
❸ 170度に熱した油でじっくりと揚げ、中まで火を通す。骨つきの方が普通のから揚げよりも火が通りづらいのでしっかりと火を通す。
❹ 粗熱が取れたらリボンを結ぶ。

3 うずらの卵とミニトマトのピック

ラクラク
うずらの卵の水煮2個は、ストローですかし模様を作る（作り方はP41参照）。ヘタを取ったミニトマト2個と一緒にピックにさす。

4 ポテトサラダ

作り方は、副菜P98参照。

ラクラク
にんじんの一部を輪切りにしてゆでておき、型で抜いて飾るとかわいさUP。ラップに包んで茶巾風に盛りつけてもかわいい。

5 フルーツ

キウイとパイナップル適量の皮をむいて小分けの密閉容器に詰める。

7 煮物
5 野菜
8 フルーツ
4 ウインナー
6 だし巻き卵
3 豚のチーズ巻きかつ
2 おにぎり
1 いなり寿司

ちょっとがんばり弁当②
運動会
家族で食べる華やかなイベント弁当!

1 いなり寿司（一部デコいなり）
2 おにぎり（2個だけ顔、あとは混ぜ鮭フレークおにぎり）
3 豚のチーズ巻きかつ
4 ウインナー（タコさん）
5 野菜（ブロッコリー、ミニトマト）
6 だし巻き卵
7 煮物
8 フルーツ

ちょっとがんばりポイント

* 普段のお弁当に比べて食材の量も数も多いので、デコ用の錦糸卵、さやえんどうなどはおかずの一部から使いまわす。
* 煮物の代わりに、具だくさんコールスローサラダ（P102参照）、マカロニサラダ（P100参照）、ポテトサラダ（P98参照）などの洋風サラダ系でも。
* 余力があれば、ピクルスや浅漬けなどを作るとGOOD（P105参照）！
* 巻きかつを作るのが大変な場合は、豚ひれ肉でとんかつにして揚げたあとに型で抜いたチーズでトッピングしても手軽。

できれば前日に準備するとラクなこと

① いなり揚げは煮ておく
② 煮物を作っておく
③ 豚のチーズ巻きは衣をつけるところまで作っておく

当日の段取り

① ご飯を炊く⇒酢飯を作る
② だし巻き卵を作る
③ 野菜類をゆでる（にんじん、さやえんどう、ブロッコリー）
④ いなり寿司、おにぎりを作る
⑤ 豚巻きかつを作って揚げる
⑥ 詰める

> 材料や道具が出ないうちに、簡単なものから作っておく。

> 慣れないうちは、量が多いお弁当を仕上げて詰めるのには時間がかかるので、余裕をもって30分程度みておくと安心（顔のデコや、レモンを添えるなども含む）。

 屋外にお弁当を置くことが多い運動会などの場合は、保冷剤、市販の抗菌シートなどを用意する、調理の際も調理道具をよく殺菌する、肉や卵はよく加熱する、ご飯は手でにぎらずラップで包むなど衛生面も注意が必要！

1　いなり寿司

材料（20個分）
油揚げ … 10枚　＊市販のいなり揚げでも。
A
　だし汁 … 2カップ
　しょうゆ … 大さじ3・1/2
　砂糖 … 大さじ4
　みりん … 大さじ3
　酒 … 大さじ2
白米 … 2～3合（いなり寿司＋おにぎり）
寿司酢（市販）… 表示どおりの分量

● デコ用の材料
《くまの顔いなり》
チーズ・焼きのり … 適量
《デコいなり》
ゆでたにんじん・さやえんどう・あなご・錦糸卵・桜でんぶなど … 適宜

作り方

❶ ご飯を少しかために炊く。
❷ 油揚げはまな板の上で、麺棒などをころがして開きやすくし、半分に切る。＊いなり寿司用に開きやすく半分に切ってあるものが便利。
❸ 大きめの鍋にお湯を沸とうさせ、❷を5分ほど煮てザルにあげ、油抜きをしっかりする。
❹ 鍋にAを入れて、❸を並べ、落としぶたをして弱火で約30～40分間煮ふくめる。途中煮汁が足りなくなれば、だし汁を少し足しながら様子をみる。
　＊余った油揚げは刻んでご飯に混ぜたり、煮物に混ぜたり、麺の具などに。冷凍保存もOK。
❺ 炊きあがったご飯は、いなり寿司にする分だけボウルに移して市販の寿司酢をかけて温かいうちにしゃもじで切るように混ぜる。うちわであおいで余分な水分を飛ばす。乾燥しないようにラップをかけておく。
❻ くまの顔いなり：いなり揚げ4個に寿司飯を詰める。チーズとのりで顔をつける。
　デコいなり：ゆでて型で抜いたにんじん、ゆでたさやえんどう、あなご、錦糸卵、桜でんぶなどのトッピングを用意する。いなり揚げ4個にご飯を詰め、口の部分のいなり揚げは折り返して中にたたむ。ごはんの上に、彩りよく具を並べる。

2 おにぎり

材料（おにぎり小8個分）
ご飯 … 茶碗4杯分
鮭フレーク … 約大さじ6
塩・白ごま・桜でんぶ・カニカマ … 各少々
焼きのり … 適量

作り方
① 顔おにぎり：2個分　茶碗1杯のご飯は半分にしてラップに包み、中に鮭フレークを小さじ1ずつ入れてにぎり、塩をまぶす。のりをはさみで切って、男の子と女の子の髪の毛を作り、貼りつける。目や口はのりパンチかはさみで作り、ご飯が冷めてから貼りつける。カニカマの赤い部分と白い部分をそれぞれはがして「はちまき」代わりに貼りつける。ほっぺは、桜でんぶをつけるとかわいい。
② 鮭おにぎり：残りのご飯と鮭フレークを混ぜ、6等分にしてにぎる。まわりに塩少々をまぶして、のりを巻き、白ごまを振る。

3 豚のチーズ巻きかつ

材料（4人分）
豚ロース薄切り肉 … 16枚（約350~400g）
焼きのり … 全形1枚
スライスチーズ … 1・1/2枚
塩・こしょう … 各少々
薄力粉・卵・パン粉 … 各適量
揚げ油 … 適量
ソース・レモン … 適宜

（大人の分はのりの代わりにしそや梅を巻き込んでもおいしい。）

作り方
① 豚ロース肉は広げて2枚を交互に貼りつけて1組にする。上に薄力粉を振り、のり、チーズを8等分にしてのせる。手前からきっちりとチーズがはみ出ないようにして巻き、最後のとじ目と、両サイドの開いている部分は肉でとじるようにしっかりと貼りつける。同様にして8個作る。
② ①に、薄力粉、溶き卵、パン粉の順にしっかりと衣をつける。
③ 170度に熱した油で②を揚げる。中までしっかり火が通るよう、転がしながら約10分ほど焦がさないよう弱火にして温度調節をしながらじっくりと揚げる。上げる直前だけ火を強くして温度を高くするとカリッと揚がる。切る場合は、粗熱が取れて冷めてから切る。このときに、中までしっかりと火が通っているか確かめると安心。

4 ウインナー（タコさん）

材料（4人分）
皮なしミニウインナー … 8本
デコ用に焼きのり、カニカマを適宜
サラダ油 … 少々

作り方
① ウインナーの片側に放射状に6本切り込みを入れる。フライパンに少量の油を熱し、転がしながら焼く。タコの足が開いたら、お好みで塩少々をする。
② 粗熱が取れたらのりパンチで作ったのりや、カニカマなどで目やはちまきの飾りをつける。

5 野菜

材料（4人分）
ゆでたブロッコリー … 1/2株
ゆでたにんじん … 適宜
ミニトマト … 8個

動物型で抜いたゆでにんじんなどを詰める。

6 だし巻き卵

材料(4人分)

A
- 卵 … 3個
- 酒・砂糖 … 各小さじ2
- だし汁 … 大さじ2
- しょうゆ … 小さじ1/2
- 塩 … 小さじ1/6

さやえんどう … 適宜
サラダ油 … 小さじ1/3

作り方

❶ A を全て混ぜ合わせる。
❷ 中火でフライパンにサラダ油を熱し、❶の 2/3 量を一気に流し入れる。大きく箸で混ぜて半熟状態になるまで弱火で加熱する。フライパンの奥のほうから巻いて形を整え、弱火で火を通す。
❸ フライパンが焦げやすければサラダ油をフライパンに少し塗り、中火にもどしてフライパンを熱してから残りの卵液を流し入れる。軽く混ぜ、最初に焼いた卵の下にも卵液が入るようにする。弱火で半熟まで固め、手前から静かに巻いていく。形を整えながら弱火でしっかりと火を通す。あれば巻きすに取り、形を整えて冷ます。切り分けて、お好みでさやえんどうで型を抜いた花などを飾ってもかわいい。

 だし巻き卵はやわらかくて巻きづらいので、ゆっくりと巻き込むのがコツ。自信がない場合は、最初はだし汁を少なめに。焼き方のコツはP40参照。

8 フルーツ

ぶどう、うさぎ形に切ったりんごを入れる。りんごは変色しやすいので、塩水にくぐらせて、水気を切ってから詰める。

7 煮物

材料(4人分／作りやすい分量)

- 鶏もも肉 … 1枚
- 里いも … 3~4個
- ごぼう … 1本
- 大根 … 5cm 分
- にんじん … 1/2 本
- こんにゃく … 100g
- 栗の甘露煮 … 4粒
- さやえんどう … 6個

A
- だし汁 … 1・1/2 カップ
- 砂糖 … 大さじ3
- しょうゆ … 大さじ3・1/2
- みりん・酒 … 各大さじ2

サラダ油 … 大さじ1/2

作り方

❶ 里いもは皮をむいて4~6等分に切り、水からゆでて沸とうしたらすぐにゆでこぼしてぬめりをとる。ごぼうは皮をこそげて、細めの斜め乱切りにして水にさらし、水気を切る。大根は1cm厚さのいちょう切り、にんじんは小さめの乱切りにする（一部花形などにしても）。こんにゃくはスプーンで小さくちぎるか薄く切って手綱にする。鶏もも肉は余分な皮と脂を除き、2cm角に切る。
❷ 鍋に油を熱し、❶を炒めて油が全体にまわったらAを加えて一度沸とうさせ、落としぶたをして中火で約15~20分煮る。
❸ 野菜全体がやわらかくなったら、落としぶたを取り、煮汁が少し残る程度まで煮詰めて味をからめる。
❹ 半分に切った栗の甘露煮を加えてざっと混ぜて火を止め、ゆでたさやえんどうを散らす。

- 野菜の量などによっても味つけやだし汁の量が変わってくるので 最後は味を見て、お好みでしょうゆ、砂糖の量を加減して調節を。
- 材料を小さめに切ることで火の通りが早くなる。中火で味を煮からめることで、弱火でことこと煮なくても味がしっかりしみた煮物になる。彩りに栗の甘露煮を加えると華やかに。

知っておくと便利な冷凍術

いざというときに助かる市販の冷凍食品や自宅で作る冷凍ストック。
上手な冷凍術を身につけ活用しよう！

市販の冷凍食品
時間がないときや何も食材がないときに重宝するのが、市販の冷凍食品。
1つか2つ、常に冷凍庫に入れておく習慣を。

肉の冷凍
肉は、パックから出して1回に使い切る量に分け、ラップでピッタリ包んでジッパー付き袋に入れる。できるだけ空気に触れないようにして保存する。保存期間はおよそ2週間。

食材の冷凍
食材の冷凍は、使いやすい量を個別にジッパー付き袋に入れて冷凍する。冷凍に向いていない食材もあるので注意が必要（下部参照）。

調理済みおかずの冷凍：カップの活用
常備菜などを多めに作った場合は、小分けのカップに詰め、冷凍用の密閉容器に入れて冷凍しておくと便利。朝1つ取り出して解凍し、お弁当箱に詰めるだけ。

調理済みおかずの冷凍：ラップの活用
ハンバーグのタネが余った場合などは、お弁当用の小さいサイズに丸めて調理する。冷めてからラップで包み、密閉容器に入れて冷凍すればラク。

たくさん使うとき用に、ジッパー付き袋に入れて冷凍しても。

だしの冷凍
ひんぱんに料理で使うだしは、製氷皿で冷凍し、ブロックごとにジッパー付き袋に入れておくと使いやすい。

冷凍庫を上手に使いこなすコツ
せっかくいろいろ冷凍しても、忘れてしまっては食材を捨てているも同然。
食材を無駄にしないためにも、こまめに冷凍庫を開けて中をチェックする習慣を！

- 1日1回は冷凍庫を開けて中身をチェック。
- ラックなどを使ってジッパー付き袋を縦に収納し、目に入りやすくする。
- ジッパー付き袋に、中身の内容と冷凍した日付を書いたラベルを貼る。
- 3日に1回は、冷凍庫の中を整理する。
- こまめな食材管理が得意でない人は、冷凍のしすぎに注意する。

冷凍に向かない食材
いも類、かぼちゃ、煮物のにんじん、こんにゃく、かまぼこ、ゆで卵など、家庭の冷凍庫での冷凍に向かない食材もあるので注意が必要。

ゆで野菜のバリエーション

彩りや栄養のために、いつも入れたいゆで野菜。市販のタレや調味料を使えば、マンネリの心配もなし！

【あると便利なゆで野菜】

●ゆで方
根菜は水からゆで、青物は沸とうした湯でゆでる。複数あるときは、時間差でゆでると無駄がない。電子レンジを使うときはふんわりとラップをして、様子を見ながら加熱する。

●ポイント
調味料などであえる前には、水気をよくふき取るのがおいしさのコツ。水分が残っていると味つけが薄まるだけでなく、べちゃっとなり、おいしくなくなる。

●おすすめの野菜
にんじん、アスパラガス、いんげん、さつまいも、じゃがいも、ブロッコリー、スナップえんどう、オクラ、かぼちゃなど。

《顆粒パウダーを混ぜる》
～これだけで味つけできてお手軽！～

コンソメ
お好みに応じて塩を加えてもOK。子どもたちの好きな味に！

カレー粉
どんな野菜とも相性ばつぐん。量を加減すれば辛さの調節もできる。

《調味料であえる》
～どんな野菜でも応用可能！～

麺つゆ
濃縮タイプでも、薄めずに少しの量をあえればOK。

ドレッシング
ごま風味、コブサラダ風など、こってりした味つけのドレッシングが温野菜にぴったり。

ポン酢
温野菜だけでなく、葉もの野菜をあえてもOK。

《振りかけてあえる》
～市販のあえもの調味料を加えるだけ！～

ピーナッツあえ
ピーナッツの食感で、食欲をそそる味つけに。ほうれん草、キャベツ、にんじんなどなんにでも合う。

ごまあえ
いんげんやアスパラガス、ブロッコリーなど、緑の野菜にぴったり。

からしあえ
ぴりっと辛い味つけは、やや大人向け。菜の花やからし菜、もやしとも相性ばつぐん。

《ディップを添える》
～マヨネーズとお好みの調理料を「3：1」程度の割合で混ぜれば、おいしいディップに！～

マヨネーズ＆焼肉ソース
こってりした濃厚な味わいで、淡白な味の温野菜にぴったり！

マヨネーズ＆ケチャップ
野菜嫌いな子どもも、たくさんおいしく食べられる味に！

マヨネーズ＆練り梅
チューブタイプの練り梅を混ぜれば簡単。梅の成分がさわやかな味わいに。

> 人数が多いときのお弁当には、温野菜とは別にディップ容器を持っていくと便利！このほかにも、ゆずこしょう、みそ、テンメンジャン、コチュジャン、ツナ、たらこ、明太子、バジルソースとマヨネーズのディップでもおいしい！

お悩み解決！お弁当作りのQ&A

ママたちの毎日のお弁当作りで浮かぶ
疑問や悩みについてお答えします。

 子どもが野菜嫌いで食べられる野菜がほとんどなく、困っています。
お弁当でも少しは野菜を食べてほしいと思っているのですが....。

 まずはマンネリになっても、食べられる野菜を入れるようにして、無理に嫌いな野菜を入れるのは、待ちましょう。慣れてきたら、少しずつ、他の野菜も入れてみてください。本書でも紹介しているように、型で抜いてかわいくしたり、チーズやハム、肉などで巻いたりしたら、食べやすいかもしれません。残しても注意しないで、食べられたらほめましょう。少しずつ食べられる野菜が増えるといいですね。

 少食であまり食べません。お弁当もよく残してきます。

 食べる量には個人差があり、もともと少食の子どももいます。睡眠も運動も十分にとれていて、間食も多くないのであれば、気にしなくて大丈夫です。お弁当の量が多すぎると、圧迫感を感じさらに食が進まない場合もあります。残してくるようであれば、量を減らして、「足りなかった」と言ってくるぐらいにしてみても。また、おかずが大きかったりちょっとしたことで食べないこともあるので、おかずの切り方、詰め方を食べやすく工夫してみるのも手です。

 偏食で、同じものばかり食べるので困っています。
ウインナーやお肉ばかりを好んで食べます。

 偏食の子どもは意外と多いです。まずは食べることを楽しんでくれるのが一番です。好きなおかずを中心に入れて、問題ありません。ただ、いろいろなものを食べてほしいのであれば、野菜に肉を巻くなど、好きなおかずにさりげなくあまり食べないものを入れて、少しずつ食を広げていってもいいですね。お友達と一緒だと、ある日突然なんとなく、の勢いで食べられてしまうこともあります。野菜好きのお友達と一緒にごはんを食べる機会などは大チャンスです（うちの長女はこれでかなり食べられるようになりました）。

Q 仕事をしていて、夜寝る時間も遅く、朝早く起きてお弁当を作ることができません。

A 家事、育児や仕事をしながら、さらにお弁当を作るのは大変ですね。朝起きるのが苦手であれば、夕食のときに、翌日のお弁当のことを頭の片すみにおき、一品取っておくなどはいかがでしょう？ 一品あるだけでかなりラクです。あとは少し日持ちする常備菜を作っておいても心強いです。疲れているときは、おにぎりとフルーツだけのお弁当、焼きそばなどの単品弁当など、思い切って手を抜いてもOKです。

Q 周囲ではキャラ弁ブーム。きらびやかなお弁当を見て、子どもに「ママも作って」と言われて困っています。

A キャラ弁を作るのが楽しいママはいいのですが、忙しかったり、キャラ弁に興味がなかったりするママは、周りが作っていると大変ですね。無理してキャラ弁を作る必要はないと思います。本書で紹介しているように、かわいいピックを買ったり、おにぎりを包んだラップに絵を描いたり、ちょっとした工夫をしたら、それだけでお子様はきっと喜んでくれるのではないでしょうか？

Q ちゃんと作ってあげたいな、と思いながら、毎日のことなので続かず、ついつい冷凍食品に頼ってしまいます。

A 毎日のお弁当作りは大変ですね。冷凍食品を使ってもかまわないと思うのですが、もし減らしたい、と思っているのであれば、素材の冷凍食品（ゆでたほうれん草、ブロッコリー、かぼちゃなど）を使うようにしたり、自分が作ったものを冷凍するようにしてはいかがでしょう？ ただし、家庭での冷凍は、味が落ちるのも早いので注意が必要です。冷凍食品でOKの日、今日は手作りのおかずを入れる日、とメリハリをつけてもいいかもしれません。週何回は冷凍食品でOKと決めてしまうと、気分もラクになると思います。お弁当作りも慣れてくると、そのうち手作りおかずでもぱぱっと手早くできるようになってきます！

お弁当のすき間を埋める食材いろいろ
あと一品ほしいときにお役立ち！

メインや副菜のおかずを用意したのにちょっとすき間が……。
そんなときこそ「すき間埋め食材」の出番。
常備しておけば、彩りや味わいの幅を広げられます。

野菜

サラダ菜／レタス
おかずとおかずの間の仕切り代わりにお役立ち。彩りでお弁当をおいしく見せる効果も。

パセリ
少し入れただけで、緑色のアクセントに。葉先をきざんで、おかずや混ぜごはんにぱらぱら飾ってもきれい。

きゅうり
カットしてピックをさせば、立派な一品に大変身！ 切り方次第でアレンジ自在。

ミニトマト
すき間埋めの王道。丸ごと、ピックにさす、カットするなどいろいろな使い方で。

にんじん
赤系の色が足りないときのワンポイントに。さっとゆでてお好みの形にくり抜けば、かわいさUP！

漬け物
白菜漬け、たくあん、かぶなど、市販のものでOK。一品あれば、ご飯もパクパク進むおかずに。

卵／豆類 など

うずらの卵の水煮
そのまま入れても、カットして入れても、簡単デコ（P41参照）をほどこしても。

枝豆
さやのまま使うほか、中身を出してピックにさせば見た目もかわいい！ 旬でなければ、冷凍品でOK。

煮豆
市販の煮豆は、箸休めにぴったりの一品。ピックにさして入れると、食べやすい上に、見た目もGOOD！

栗の甘露煮
大きさがあるので、すき間埋めにぴったり。フルーツがないときのデザート代わりにも。

練り製品

かまぼこ
スライスして入れるときでも、ちょこっとデコを加えるだけで、華やかに（P66参照）！

ちくわ
ゆでたアスパラガス、にんじん、きゅうり、チーズなどを中に詰めれば、手間入らずのおかずに大変身！

はんぺん
そのまま食べてもおいしいはんぺんは、弾力があってすき間埋めにぴったり。適宜カットして使用して。

魚肉ソーセージ
のりで顔を描けば、かわいいデコが完成。切り方を斜めにすると、お弁当を立体的に見せられる。

つまみ揚げ
つまみ揚げは、ひと口タイプのさつま揚げ。市販のものをそのまま詰められて、いざというときに便利。

デザート

カップゼリー
おかずが少なめのときに入れておくと、子どもが大喜びのデザートに！

ドライフルーツ
長期保存できるドライフルーツは、常備しておくと便利。写真はミックスレーズン、あんず、プルーン。

キャンディーチーズ
子どもたちに人気のキャンディーチーズは、大きすぎないサイズがすき間にぴったり。

フルーツ
オレンジやいちご、りんご、キウイなど、旬のフルーツは、少量でもすき間埋めに効果を発揮！

缶詰フルーツ
缶詰のフルーツは水分をしっかり切って。すき間に入れるときはカップを使うと味移りの心配なし。

お弁当箱大集合
お好みで選べば楽しい！

お弁当箱のバリエーションは年々増え、素材や用途もさまざまなものが登場。
いつものお弁当箱にプラスして使えば、子どもたちの気分を変えられるかも！？

素材別

プラスチック製
定番のパッキン付きのプラスチック製は、汁もれやにおいを防げて便利。ふたに厚みがあるものを選ぶと、詰めたお弁当をつぶさずに持ち運べる。

木製
ご飯やおかずの水分を木材が吸収してくれるので、蒸れにくく、食材が傷みにくい。子どもたちもニッコリ喜ぶ顔つきのものもかわいい！

アルミ製
アルミのお弁当箱は、食材の色やにおいがつきにくく、雑菌が繁殖しにくくて衛生的。パッキンがないタイプは開閉しやすく、幼児におすすめ。

形別

細長タイプ
細長いお弁当箱は、バッグのすき間に入れることができて持ち歩くのに便利。おかずの量に合わせて、1段、2段を選んで。

2段式
おかずとご飯を別々に入れられる2段式は、食べた後に1段にまとめられてコンパクトに収納できるものも。

かごタイプ
竹製かごタイプのボックスは、内側にラップやワックスペーパーを敷いて、おにぎり入れやサンドイッチ入れとして使うと、形が崩れにくくて便利。

変形
詰めるのが難しそうな変形お弁当箱も、飛び出た部分に少量のおかずを詰めることができて、楽しい。子どもたちの食欲もアップ！？

入れ子式
ご飯、主菜、副菜、デザートなどを分けて詰められる入れ子式は、詰め方を悩まずにラクラク！食べ終えたら1段分にまとめて収納可能。

サイズ別

小分け用
デザートやサラダなど少量を別に持っていきたいときのために1個持っておくことをおすすめ。

ファミリー用
大人数用のお弁当箱もあると、運動会のときなど、一度に詰められて便利。お重タイプだと、お弁当の量に合わせて、段数を変えることもできる。

用途別

三角おにぎり用
三角形ににぎったおにぎりをそのまま収納できる便利アイテム。おかずと分けて持ち運ぶこともでき、収納スペースの節約にも。

どんぶり・麺用
1段目にご飯、2段目にどんぶりの具を入れ、つゆやソースのケースもついたどんぶり専用アイテム。1段目にはザルがついているので、麺用として使ってもOK！

スープジャー
保温・保冷機能があり、汁物でもしっかり密封できるお弁当箱。スープやシチューなどを入れられるので、お弁当のバリエーションが豊かに。

保冷用
ふたの裏側に保冷剤がセットされている保冷用お弁当箱。あらかじめふたを冷凍庫に入れておけば、冷たいおかずをキープして持ち運べる。

お弁当作りのお役立ちグッズ大集合!
【調理アイテム編】

忙しい朝こそ便利アイテムを活用すれば、より手早く、おいしそうなお弁当に!
すべてを使いこなすのは大変でも、気になるものから使ってみては?

焼く

1人用調理器具
1人用のフライパンや卵焼き器があると、朝の調理時間の短縮に。フライパンは、蒸し焼きなども簡単にできるふたつきのものをセレクトして。

フライパン用ホイルシート
（フライパン加熱OKのアルミホイル）
裏面はアルミホイル、表面はクッキングシートのようにコーティングしてあるホイルシート。魚などを焼くときに使うと、こびりつかなくて便利!

アルミカップ
ミニグラタンなど、ちょっとしたおかずをトースターで加熱した後、そのままお弁当箱に詰められる。グリルやフライパン調理にもOK。

にぎる

ご飯用動物型
抜き型にごはんを入れ、上からふたをしてしっかり押さえれば、動物型ご飯の完成。のりをカットして顔のパーツを作ればさらにかわいく!

ご飯用押し型
ご飯を型に入れてふたをするだけで、ひと口ご飯や俵形ご飯、細巻きをきれいに作れるお助けアイテム。おにぎりを食べにくい幼児のお弁当にもGOOD!

切る

うずらの卵カッター
うずらの卵専用のカッター。うずらの卵のデコに使うハムも切れる。右のカッターは、ギザギザに切り込みを入れられる。

ウインナー用カッター
たこさんウインナーや花形ウインナーが簡単に作れる専用カッター。断面の上から押さえるようにカットして使用。

お弁当用ミニはさみ
のりなどを小さく切ったりする場合や、細かい部分をカットする場合に使いやすいミニはさみ。これがあれば、「パンチやカッターは使わずにすむ」という声も！

デコ用カッター
小さいパーツをカットできる専用カッター。左はフルーツなどを丸くくり抜けるラウンドカッター、真ん中は大小の円形に抜けるカッター、右はV字用カッター。ウインナーなどのデコにも便利！

抜き型
小さめの抜き型がいくつかあると、食材を簡単にデコできて便利。黄色い型は、スライスチーズ1枚を型抜ける専用のもの。

アイディアグッズ

簡単デコグッズ
のりパンチでカットした小さいパーツは、ピンセットや竹串を使うときれいにデコ可能！ストローは、小さい丸を抜くときに使用することも（詳細はP41）。

のりパンチ
のりをはさんで上からスタンプのように押すだけで、簡単に顔模様が作れるパンチ。おにぎりに飾れば、かわいさUP！

お役立ちグッズ、まず何からそろえればいい？

実際に使ってみないと使いやすさも分からないので、一度に高価なものをそろえず、少しずつ買い足すのがベスト。まず買うなら、個別食材用のグッズよりは、幅広く使えるお弁当用のミニはさみや、野菜やハム、チーズを抜ける抜き型、のりを抜くだけでデコれるのりパンチなどがおすすめです。

お弁当作りのお役立ちグッズ大集合！
【デコグッズ編】

お弁当をおいしく見せたいときこそ、デコグッズの出番！
子どもたちが喜ぶものをいくつか用意して、お弁当タイムを盛り上げましょう。

ピック
色や形など、さまざまな種類があるピック。おかずに合わせて長いものやフォークタイプなどを使うと便利。お弁当の色合いがもの足りないときのアクセントとしても大活躍！

カップ
単体ではまとまりにくいあえものやサラダなどに。紙製のほか、デザイン豊富なマフィンカップやシリコンカップを使うとお弁当も華やぐ。

調味料ケース
しょうゆやウスターソースなどの調味料を小分けにできるミニケース。こんなかわいいケースに子どもたちも大喜び！

ミニケース
マヨネーズやケチャップなどを入れられるふたつきのミニケース。温野菜のディップ（P115参照）を入れるときにもお役立ち！

バラン
おかずとおかずの間の仕切りに使うバランは、シートタイプのほか、何度も繰り返し使用できるシリコン製のものがある。使い道によって長さを調節できるタイプも。

おにぎりラップ
ご飯に巻きつけるだけで動物に変身できるデコラップ。キャラクターの顔など種類も豊富。細かいデコをする時間がないときも、これさえあれば簡単！

デコグッズどこで買う？

お弁当用のデコグッズが買える主な場所は

① 大手スーパーの家庭用品売り場
② 100円ショップ
③ 雑貨屋さん
④ ネットショップ

［気軽にお試しで購入できるものは価格の安い100円ショップ、個性的なものを探すならセンスのいい雑貨屋さん。ネットショップも商品が充実しています。］

ワックスペーパー
サンドイッチなどを包むときに使えるワックスペーパー。小さくカットすれば、バラン代わりに使うことも！

マスキングテープ
つまようじに巻きつければ、自家製ピックのでき上がり！ サンドイッチなどを詰めたビニール袋を閉じるときに使うのもおすすめ。

シール
ラップで包んだおにぎりやパンなどの仕上げにお役立ち！ ハロウィンやクリスマスなど、イベントに合わせたシールを貼れば、それだけで特別なお弁当に大変身！

抗菌シート
お弁当箱に詰めてから、ふたを閉める前に一枚のせておくと、抗菌効果が発揮される。梅雨や夏など、お弁当が傷みやすい時期に活用を。

*ページ数は、レシピを紹介しているページを表しています。

主食

■ご飯
- いなり寿司・・・・・111
- おかか梅おにぎり・・・・・70
- カニマヨおにぎり・・・・・70
- カリカリ梅の混ぜごはんおにぎり・・・・・70
- 軍艦おにぎり・・・・・69
- サラダ太巻き・・・・・63
- ジャンバラヤ・・・・・86
- ちりめんじゃこ、しそ、ごまのおにぎり・・・・・70
- 天むす風から揚げおにぎり・・・・・70
- 肉巻きおにぎり・・・・・57
- 細巻き寿司・・・・・65
- 混ぜごはん・・・・・73
- 焼きおにぎり・・・・・70
- 冷凍フライおにぎり・・・・・70
- レタス炒飯・・・・・85

■パン
- 牛肉のサンドイッチ・・・・・58
- サンドイッチ・・・・・75
- ハンバーガー風サンド・・・・・26
- ホットケーキサンド・・・・・79
- ロールパンサンドイッチ・・・・・19

■パスタ
- スパゲッティサラダ・・・・・100
- ナポリタン・・・・・81
- ハンバーグのせトマトスパゲッティ・・・・・26
- フジッリのバジルペーストあえ・・・・・100
- マカロニグラタン・・・・・95
- マカロニサラダ・・・・・100

■麺
- 冷たい麺・・・・・83
- 焼きそば・・・・・84

肉

■鶏肉
ささみ
- オクラのささみ巻き・・・・・64
- ささみのピカタ・・・・・21
- ささみの一本フライ・・・・・33
- ささみのケチャマヨピカタ丼・・・・・94

ひき肉
- カレー風味のそぼろ・・・・・52
- 塩そぼろ・・・・・107
- そぼろ混ぜおにぎり・・・・・52
- そぼろと練り梅ゆかり混ぜごはん・・・・・52
- そぼろちらし寿司風・・・・・53
- にんじんと枝豆入りつくねバーグ・・・・・27
- 鶏そぼろ・・・・・49

むね肉
- 野菜の鶏むね肉巻き・・・・・65
- ゆで鶏・・・・・107

もも肉
- 親子丼・・・・・90
- から揚げ・・・・・17
- 酢鶏・・・・・20
- タンドリーチキン風から揚げ・・・・・20
- 天むす風から揚げおにぎり・・・・・20
- 鶏もも肉の粒マスタードソテー・・・・・21
- 鶏もも肉のケチャップソテー・・・・・21
- 鶏の照り焼き丼・・・・・93

手羽
- 手羽中のはちみつトースター焼き・・・・・21
- 骨つきから揚げ・・・・・109

■豚肉
こま切れ
- 豚こまとんかつ・・・・・33

ひき肉
- スピードカレー・・・・・82
- なすとひき肉の炒めそぼろ・・・・・53
- 豚ひき肉の中華そぼろ・・・・・53

薄切り肉
- エリンギの豚肉巻きマーマレードソース・・・・・64
- 豚のしょうが焼き風・・・・・58
- にんじんチーズの豚肉巻き・・・・・64
- 野菜の肉巻き・・・・・61

豚ロース肉
- 豚のチーズ巻きかつ・・・・・112

■牛肉
ひき肉
- ビビンパ風・・・・・53

薄切り肉
- 韓国風焼肉のり巻き・・・・・58
- 牛肉と小松菜のオイスターソース炒め・・・・・59
- 牛肉のサテ風ピーナッツバター焼き・・・・・59
- 牛肉のしぐれ煮・・・・・107
- ズッキーニの牛肉巻き焼き・・・・・59
- 肉巻きおにぎり・・・・・57
- ほうれん草の牛肉巻き・・・・・65
- 焼肉丼・・・・・55

■牛豚合いびき肉
- コーンのまぶしレンジハンバーグ・・・・・27
- スコッチエッグ・・・・・27
- タコライス・・・・・51
- ハート形ハンバーグ・・・・・26
- ハンバーグ・・・・・23
- レンジ・ミートローフ・・・・・27
- ロコモコ風丼・・・・・25

■ハム・ウインナー・ベーコン
- アスパラのベーコン巻き・・・・・43
- ウインナーのお花形・・・・・63
- ウインナーの中巻き寿司・・・・・65
- お魚のベーコン巻き・・・・・45
- ハムかつ・・・・・91
- ベーコンきのこのソテー・・・・・102

魚介

いか
- いかリングフライ・・・・・・・・・・・33

えび
- えびフライ・・・・・・・・・・・・・・29
- えびフライの卵とじ丼・・・・・・・・32
- えびフライののり巻き・・・・・・・・32
- えびの春巻き揚げ・・・・・・・・・・32
- えびマヨ丼・・・・・・・・・・・・・88

切り身
- お魚のベーコン巻き・・・・・・・・・45
- サーモンフライ・・・・・・・・・・・47
- 鮭のパン粉焼き・・・・・・・・・・・46
- 鮭のちゃんちゃん焼き風・・・・・・・47
- 鮭の塩麹漬け焼き・・・・・・・・・・47
- 鮭のごま衣焼き・・・・・・・・・・・47
- 鮭のピザ風焼き・・・・・・・・・・・43
- 鮭の照り焼き・・・・・・・・・・・・46
- めかじき竜田揚げ・・・・・・・・・・46

シーフードミックス
- シーフードミックスで中華丼・・・・・89

お魚ソーセージ
- 串揚げ・・・・・・・・・・・・・・・31

野菜

アスパラガス
- アスパラのベーコン巻き・・・・・・・43

オクラ
- オクラのおかかあえ・・・・・・・・・101
- オクラのリチーズ巻き・・・・・・・・103

かぼちゃ
- かぼちゃサラダ・・・・・・・・・・・61
- かぼちゃと豆のラップ茶巾・・・・・・98
- 串揚げ・・・・・・・・・・・・・・・31

キャベツ
- キャベツのコールスローサラダ・・・・102
- キャベツのハムロール・・・・・・・・103
- キャベツとにんじんの塩昆布漬け・・・105
- シチュー・・・・・・・・・・・・・・96

きゅうり
- かぶときゅうりのゆかりあえ・・・・・105
- きゅうりとハムのサラダ・・・・・・・87
- きゅうりとミックスビーンズのサラダ・99

ごぼう
- きんぴらごぼう・・・・・・・・・・・104
- 煮物・・・・・・・・・・・・・・・・113

さつまいも
- かき揚げ丼・・・・・・・・・・・・・92
- さつまいものスイートサラダ・・・・・98
- スティック大学いも・・・・・・・・・17

じゃがいも
- 簡単ツナコロッケ・・・・・・・・・・33
- じゃがいものゆかりあえ・・・・・・・45
- じゃがいものそぼろ煮・・・・・・・・106
- ポテトサラダ・・・・・・・・・・・・98

にんじん
- オレンジジュースピクルス・・・・・・105
- にんじんと大根の甘煮・・・・・・・・106

ほうれん草
- ほうれん草とコーンのソテー・・・・・63
- ほうれん草のごまあえ・・・・・・・・101
- ほうれん草の卵巻き・・・・・・・・・103

ミニトマト
- スパゲッティサラダ・・・・・・・・・100
- ミニトマトのドレッシングマリネ・・・35

もやし
- 中華ナムルあえ・・・・・・・・・・・101

玉ねぎ
- 玉ねぎのピカタ・・・・・・・・・・・102

乾物・こんにゃく

ひじき
- ひじき炒飯・・・・・・・・・・・・・37
- ひじきとツナのサラダ・・・・・・・・99
- ひじきの煮物・・・・・・・・・・・・104

春雨
- 春雨サラダ・・・・・・・・・・・・・99
- 春雨と焼き豚中華味卵焼き・・・・・・38

切り干し大根
- 切り干し大根の煮物・・・・・・・・・104

こんにゃく
- こんにゃくのいり煮・・・・・・・・・106

卵・豆腐

うずらの卵
- 串揚げ・・・・・・・・・・・・・・・31

厚揚げ
- 麻婆豆腐丼・・・・・・・・・・・・・87

卵
- 板のり巻き巻き卵・・・・・・・・・・38
- いり卵・・・・・・・・・・・・・・・49
- ウインナー&ミックスベジタブルとチーズオムレツ・39
- 薄焼き卵・・・・・・・・・・・・・・40
- オムライス・・・・・・・・・・・・・35
- オムレツ・・・・・・・・・・・・・・37
- カニカマ入り卵焼き・・・・・・・・・38
- 黒ごま入り卵焼き・・・・・・・・・・38
- だし巻き卵・・・・・・・・・・・38・113
- 卵焼き・・・・・・・・・・・・・・・40
- にんじん入り卵焼き・・・・・・・・・38
- 春雨と焼き豚中華味卵焼き・・・・・・38
- 紅しょうがと桜えび天かすお好み焼き風オムレツ・39
- ほうれん草とベーコン入りオムレツ・・39
- ミニオムレツ風折りたたみ卵・・・・・23
- 冷凍グラタン入りクリームオムレツ・・39

著者 阪下千恵

料理研究家・栄養士。大手外食企業、食品宅配会社を経て独立。子育ての経験を活かした、作りやすくて栄養バランスのよい料理が好評を博し、現在、NHK「あさイチ」などのメディア出演をはじめ、書籍、雑誌、企業販促用のレシピ開発、食育講演会講師など多岐にわたり活躍中。著書に『料理のきほんlesson』『決定版 朝つめるだけ！作りおきのやせる！お弁当』『栄養が溶け込んだ おいしいスープ』（いずれも新星出版社）、『友チョコもあこがれスイーツも！はじめてのお菓子レッスンBOOK』（朝日新聞出版）など多数。夫、2004年、2009年生まれの2人の女の子との4人家族。

編者 まちとこ

東京都・世田谷区を中心に現役で子育てをしながら活躍中の編集チームです。ママによるママのための編集物を制作。編著に「おとなごはんと一緒に作るあかちゃんごはん 離乳食編」（小社刊）など。

CREDIT

Photographer ── 壬生マリコ　松島 均（カバー写真のみ）
Designer ── 嘉手川里恵（roulette）　tabby design
Stilist ── 倉持わかな　深川あさり（カバー写真のみ）
Editor ── 石塚由香子（まちとこ）
　　　　　狩野綾子（まちとこ）
　　　　　浅川淑子（まちとこ）
　　　　　倉持わかな（まちとこ）
　　　　　倉橋利江
Illustrater ── ホンダアヤ
Cooking Assistant ── 佐藤香織　吉野清美
進行 ── 鏑木香緒里
取材協力 ── UTUWA
　　　　　東京都渋谷区千駄ヶ谷3-50-11
　　　　　明星ビルディング1F
　　　　　Tel：03-6447-0070　Fax：03-6447-0071

忙しいママでも作れる 子どもが喜ぶお弁当

2019年3月25日 初版第1刷発行
2021年4月30日 初版第2刷発行

著者　阪下千恵
発行者　廣瀬和二
発行所　株式会社日東書院本社
　　　　〒160-0022
　　　　東京都新宿区新宿2丁目15番14号 辰巳ビル
　　　　TEL：03-5360-7522（代表）
　　　　FAX：03-5360-8951（販売部）
　　　　振替　00180-0-705733
　　　　URL：http://www.TG-NET.co.jp
印刷　大日本印刷株式会社
製本　株式会社セイコーバインダリー

本書の無断複写複製（コピー）は、著作権法上での例外を除き、著作者、出版社の権利侵害となります。
乱丁・落丁はお取り替えいたします。
小社販売部までご連絡ください。
©Chie Sakashita 2019, Printed in Japan
ISBN 978-4-528-02241-6 C2077

【読者の皆様へ】
本書の内容に関するお問い合わせは、お手紙またはFAX（03-5360-8047）メール（info@TG-NET.co.jp）にて承ります。恐縮ですが、電話でのお問い合わせはご遠慮ください。
『忙しいママでも作れる　子どもが喜ぶお弁当』編集部

＊本書は2013年に辰巳出版より刊行した『忙しいママでもラクラク作れる子どもが喜ぶお弁当』のリニューアル版です。